# CATALOGUE

DE

# VIGNETTES

POUR

## ILLUSTRATIONS

ET

## DESSINS ORIGINAUX DE VIGNETTES

### LIVRES A FIGURES

ESTAMPES ANCIENNES ET MODERNES

## ÉCOLE DU XVIII<sup>e</sup> SIÈCLE

EN NOIR ET EN COULEUR

## PHOTOGRAPHIES

Faisant partie de la Collection de M. le Baron M*** D*** C***

---

## VENTE

### HOTEL DROUOT, SALLE N° 7

**Du Mercredi 1<sup>er</sup> au Samedi 4 Mars 1882**

A UNE HEURE ET DEMIE PRÉCISE

---

M<sup>e</sup> MAURICE **DELESTRE**, COMMIS<sup>re</sup>-PRISEUR

rue Drouot, n° 27

| **M. VIGNÈRES** | **M. DUPONT aîné** |
|---|---|
| MARCHAND D'ESTAMPES | MARCHAND D'ESTAMPES |
| rue de la Monnaie, n° 21 | rue de Seine n° 21 |

---

PARIS — 1882

V° RENOU, MAULDE et COCK

IMPRIMEURS DE LA COMPAGNIE DES COMMISSAIRES-PRISEURS

Rue de Rivoli, 144

# CATALOGUE

DE

# VIGNETTES

POUR

## ILLUSTRATIONS

En grande partie avant la lettre et à l'eau-forte pure

ET

## DESSINS ORIGINAUX DE VIGNETTES

### LIVRES A FIGURES

ESTAMPES ANCIENNES ET MODERNES

## ECOLE FRANÇAISE DU XVIII<sup>e</sup> SIÈCLE

EN NOIR ET EN COULEUR

## PHOTOGRAPHIES

Faisant partie de la Collection de M. le baron M*** D*** C***

DONT LA VENTE AUX ENCHÈRES PUBLIQUES AURA LIEU

## HOTEL DES COMMISSAIRES-PRISEURS

RUE DROUOT, 9, SALLE N° 7

Les Mercredi 1<sup>er</sup>, Jeudi 2, Vendredi 3 et Samedi 4 Mars 1882

A UNE HEURE ET DEMIE PRÉCISE

---

Par le ministère de M<sup>e</sup> **MAURICE DELESTRE**, Commissaire-Priseur,
rue Drouot, 27,

Assisté de **M. VIGNÈRES**, Marchand d'Estampes,
rue de la Monnaie, 21, à l'entre-sol,

Et de **M. DUPONT** ainé, Marchand d'Estampes,
rue de Seine, 21,

CHEZ LESQUELS SE DISTRIBUE LE CATALOGUE

---

## PARIS — 1882

# ORDRE DES VACATIONS

---

**PREMIÈRE VACATION — Mercredi 1ᵉʳ Mars**

Suites de Vignettes.......................... Nᵒˢ   1 à 235

**DEUXIÈME VACATION — Jeudi 2 Mars**

Suites de Vignettes.......................... Nᵒˢ 236 à 464

**TROISIÈME VACATION — Vendredi 3 Mars**

Dessins originaux de vignettes............... Nᵒˢ 465 à 535
Livres à figures.............................      536 à 583
Estampes. — École française du xviiiᵉ siècle....      584 à 704

**QUATRIÈME VACATION — Samedi 4 Mars**

Estampes. — École française du xviiiᵉ siècle... Nᵒˢ 705 à 884
Photographies................................      885 à 940

---

# CONDITIONS DE LA VENTE

---

Elle sera faite au comptant.

Les Acquéreurs paieront cinq pour cent, en sus des enchères.

M. VIGNÈRES et M. DUPONT, se chargent des Commissions des personnes qui ne pourraient assister à la vente.

M. DUPONT, chargé de la vente, se réserve la faculté de rassembler ou de diviser les lots.

# DÉSIGNATION

## SUITES
## DE VIGNETTES

### ALFIÉRI

1 — Suite des 22 figures, par Bazzoli. In-12 et 2 portraits. 24 pièces.

### ANACRÉON, SAPHO, ETC.

2 — Vignettes anciennes et modernes. 19 pièces dont une en couleur, d'après Baudouin.

### ANDRIEUX

3 — Suite des 3 figures de Desenne, avant la lettre et 2 avec la lettre. — 2 figures in-4, coloriées pour Regnard. — Figures diverses pour Chénier, Laharpe et de Jouy. Ensemble 16 pièces.

### APULÉE

4 — Suite des 2 figures de Marillier pour l'Ane d'or. — Suite des 36 figures et un portrait in-8, au trait. Ensemble 39 pièces toutes marges.

5 — Suite des 32 figures au trait, d'après Raphaël, pour la fable de Psyché. In-8, toutes marges.

## ARIOSTE

6 — Suites des 44 figures anciennes sur cuivre. réemmargées in-4.

7 — Suite des 61 figures sur bois, fleurons, culs-de-lampe, etc. Edition de Venise, 1672.

8 — Suite des 46 figures de Cochin pour Roland furieux, in-8. Très belles ép. avant la lettre, la plupart toutes marges.

9 — Suite des 46 figures de Moreau, Eisen, Cochin et autres, gravées par Ponce, de Ghendt, Bartolozzi, etc. Ép. avant la lettre, la plupart à toutes marges. — Plus 5 ép. états différents et 13 avec la lettre de la même suite, dont la figure du chant V, remplacée depuis par une autre composition. Ensemble 64 pièces.

10 — Suite de Cochin, Moreau, Eisen, etc. 38 figures, plusieurs avant la lettre. — 61 figures, d'après Karl Girardet, Johannot et autres, sur bois et sur cuivre — et un dessin à la sépia, Renaud et Armide. Ensemble 100 pièces.

11 — Suite des 23 figures et un portrait, par Tony Johannot. Edition Mallet. Ép. du premier tirage sur chine.

12 — Suite des 57 figures de la suite de Karl Girardet, Français, etc. In-8, sur chine.

13 — Réunion de 8 gravures, lithographies et photographies, in-fol. Angélique et Médor, de Saint-Amand. — Angélique et Sacriponte, par Ang. Kaufmann. — Roger délivrant Angélique, etc.

## BAOUR-LORMIAN

14 — Suite des 9 figures de l'édition Amb. Tardieu, in-18, pour la Jérusalem délivrée, dont 6 avec la lettre, 8 avant la lettre et 2 à l'état d'eaux-fortes. 16 pièces.

## BARTHÉLEMY

15 — Suite des 23 figures de Devéria, in-12, avant et avec la lettre, pour le voyage du jeune Anacharsis.

16 — Suite des 5 figures et un portrait in-8. 21 pièces avant et avec la lettre et eaux-fortes pures. Toutes marges.

## BÉRANGER

17 — Suite des 25 figures de Numa, in-fol. Très belles ép. coloriées, dont 2 en noir.

18 — Les deux Sœurs de charité, d'après Devéria, avant et avec la lettre. — Napoléon chez la vieille, d'après Bellangé. — Les Hirondelles, par Jeanron. 5 pièces grand in-fol.

## BERCHOUX, CAMPENON, ETC.

19 — Une figure de Desrais et 3 de Devéria avant la lettre. — 3 figures de Monnet et 2 de Picot avant la lettre, pour l'Enfant prodigue. — Suite des 4 figures de Johannot avant la lettre pour Désaugiers. — Suite de 2 figures de Desenne, pour la Dot de Suzette, avant la lettre sur chine et blanc et avec la lettre. — Suite des 3 figures de Desenne pour le roman du Renard, plus une à l'état d'eau-forte. Ensemble 23 pièces.

## BERNARDIN DE SAINT-PIERRE

20 — Suite des 6 figures, d'après Gérard, Moreau, Prud'hon, etc., et un portrait pour Paul et Virginie. Petit in-fol., toutes marges. — La même suite, moins le portrait. Eaux-fortes pures, sans marges.

## BERNARDIN DE SAINT-PIERRE

21 — Suite des 8 figures de Dutaillis, gravées en couleur, par Guyot, pour Paul et Virginie. — 2 figures
en couleur du même pour une comédie jouée en
1791. — Une autre figure en couleur, toutes marges.
Ensemble 11 pièces. Rares.

22 — Suite de 4 figures de Guinet, gravées par Petit,
in-fol., pour Paul et Virginie. Belles ép. 2 sont avant
la lettre.

23 — Deux figures de Guinet, gravées par Petit. Très
belles ép. en couleur, toutes marges.

24 — Suite des 8 figures de Schall et Descourtis, in-fol.
Belles ép. sans marges.

25 — Réunion des 17 figures diverses, d'après Desenne.
Moreau, Delorme, etc., et 5 portraits.

26 — Suite de figures, d'après Desenne, Girodet,
Moreau, Prud'hon, etc. Édition Dupont, pour les
Œuvres. 42 pièces dont 14 avec la lettre et 9 avant la
lettre et 19 pour la Botanique.

27 — Suite de Johannot, édition Curmer, tirées hors
texte, pour Paul et Virginie et la Chaumière indienne.
34 pièces sur chine, presque toutes avant la lettre.

28 — Suite de 132 vignettes de l'édition Curmer, pour
Paul et Virginie. Réemmargées in-12.

29 — 240 vignettes, fleurons, lettres ornées de l'édition
Curmer, pour Paul et Virginie et la Chaumière
indienne.

30 — Vignettes des suites de Corboult. Desenne et
suite anglaise. 27 pièces dont 14 avant la lettre.

31 — Suite des 8 figures de Schopin et Beaume, gravées
par Jazet et Pichard. In-fol.

32 — Suite des 4 figures de Foulquier pour Paul et
Virginie, in-8, sur chine. — La même suite avant la
lettre sur chine, grand papier.

## BERNARDIN DE SAINT-PIERRE

33 — Réunion de 7 gravures et lithographies, in-fol.
pour Paul et Virginie, d'après Shall, Fragonard, Van
Lérins, etc.

## BERQUIN

34 — Suite de figures de Marillier, Lebarbier et Borel,
pour les Idylles et les Romances. 32 pièces in-12
dont une à l'état d'eau-forte.

## BITAUBÉ

35 — Suite des 8 figures de Monnet pour l'Histoire de
Joseph, in-8. Ép. avant la lettre et avant la bordure.
Toutes marges.
36 — 7 figures de Monnet in-8 avec les cadres, avant la
lettre, toutes marges, les noms à la pointe (manque
une pièce). — 9 vignettes diverses. 16 pièces.
37 — Suite des 9 figures de Burdet, et 7 figures de
Martinet gravées par Dupréel, 16 pièces, toutes
marges.

## BOCCACE

38 — Suite de 72 figures et un frontispice de Romeyn
de Hooghe. Édition d'Amsterdan, 1699. Belles ép.
39 — Suite de 95 figures de Gravelot, Boucher, Eisen,
Cochin, etc. Édition de 1802, plus le portrait et les
11 titres. — 34 figures avant la lettre, même suite ;
et les 8 figures complémentaires de Bornet. Ensemble
149 pièces, toutes marges.
40 — Vignettes de la suite de Gravelot. 40 pièces. —
1 par Devilliers à l'état d'eau-forte. — 28 sur bois
par T. Johannot, Célestin Nanteuil, etc. Édition
Barbier, et 27 pièces diverses et portraits. Ensemble
95 pièces.

## BOCCACE

41 — Suite de 105 figures de l'édition Barbier, par
Tony Johannot, Baron et Célestin Nanteuil, dont
25 hors texte.

## BOILEAU

42 — Suite des 6 figures de Chereau pour le Lutrin,
in-4. Belles ép.

43 — Suite des 6 figures et un frontispice, par Bernard
Picart. in-4. Très belles ép. du premier tirage,
toutes marges.

44 — Suite des figures de Cochin pour le Lutrin.
10 pièces dont 3 avec l'encadrement.

45 — Suite des 6 figures de Moreau et un portrait in-8,
toutes marges. — 4 figures de la même suite avant
la lettre.

46 — Suite des 6 figures et un frontispice, par Choquet,
in-18, avant la lettre, toutes marges.

47 — Suite des 6 figures de Desenne pour le Lutrin,
avant la lettre et un portrait gravé par Lignon.

48 — Suite des 6 figures de Moreau gravées par Gervais,
in-8, pour le Lutrin. Belles ép. sur chine, toutes
marges.

49 — Suite des 6 figures et un portrait par Staal, in-8.

50 — Suite des 18 figures et 4 titres pour les OEuvres,
d'après Tony Johannot, Devéria et Grandville.
22 pièces toutes marges.

51 — Suite des 13 figures et un fac-simile, par Carle et
Horace Vernet, Hersent, etc. Édition Blaise, plus
9 figures à l'état d'eau-forte et 7 avant la lettre. Ensemble 29 pièces.

52 — Vignettes de différentes suites, par Cochin, Moreau
et autres. 65 figures, 4 sont à l'état d'eau-forte,
4 avant la lettre et plusieurs en nombre.

## BOILEAU

53 — 30 Portraits de Boileau et autres, par Ingouf, Daullé, Ethiou, etc.; plusieurs sont avant la lettre.


## BYRON (Lord)

54 — Suite de 37 figures de Westall gravées par Baquoy, Godefroy, etc., sur chine et sur blanc, dont 7 eaux-fortes pures.

55 — Suite des 120 figures de l'édition de Murray, Londres 1832, par Harding, Stanfied, Turner, Prout, Roberts, etc. Ép. de la 1re édition.

56 — Finden's Byron Beauties, 17 pièces. Belles ép.

57 — Réunion de 93 figures in-8, d'après Johannot, Devéria, Finden et Westall; la majeure partie avant la lettre ou à l'état d'eaux-fortes et en nombre.

58 — Suite des 6 figures de Tony Johannot, in-8. — 1 pièce même suite avant la lettre. — 5 figures de Devéria, dont une avant la lettre et 2 à l'eau-forte. 12 pièces.

59 — Vignettes d'Alfred et Tony Johannot, de l'édition Ladvocat, in-12. 29 pièces sur chine, dont 16 en ép. d'artiste, grand papier.

60 — 23 figures diverses françaises et anglaises dont une de Delacroix, in-4 — et 10 vignettes par Tony et Alfred Johannot. Édition Ladvocat, dont 8 avant la lettre sur chine, grand papier. 33 pièces.


## CAMOENS

61 — Réunion de 27 figures diverses, d'après Gérard, H. Vernet, etc., in 8 et in-4, avant et avec la lettre,

## CAMPENON

62 — Suite des 4 figures de Thévenin et Vincent pour
l'Enfant prodigue, avant la lettre, toutes marges, plus
2 avec la lettre. — 3 figures de Picot et Isabey, avant
la lettre sur chine et 2 à l'état d'eaux-fortes. 11 pièces.

## CERVANTES

63 — Suite de figures anciennes pour Don Quichotte,
par Antoine, Bouttats. Scottin, etc. 130 pièces.

64 — Suite des 31 figures de B. Picart, d'après Coypel,
in-8. Belles ép.

65 — 8 figures de Coypel. in-fol. — 1 figure anglaise. —
1 eau-forte de Allard Cambray et 3 ép. du Sancho
de Decamps, dont une avant la lettre. Ensemble
13 pièces.

66 — 21 figures de Lefèvre et Lebarbier pour Don
Quichotte. en premières ép. remontées in-4. — plus
deux pièces avant la lettre toutes marges.

67 — Suite des 15 figures de J. Castillo, in-4 en couleur, pour Don Quichotte. Belles ép. avant la lettre
toutes marges.

68 — Suite des 15 figures et un frontispice. d'après
Smirke et Westall, gravé par Roger, Sisco, etc. in-12
avant la lettre sur chine, remargées in-4.

69 — Suite des 74 figures de Smirke pour Don Quichotte
in-8. Belles ép. réemmargées.

70 — Suite de 6 figures, d'après Smirke. in-12 avant
la lettre — et une figure sur chine avant la lettre,
par Roger.

71 — Suite des 12 figures d'Horace Vernet et Eug.
Lamy, in-8 avant la lettre, toutes marges (une est
avec la lettre). — 5 figures avec la lettre de la même
suite. 17 pièces.

## CERVANTES

72 — Suite de 8 figures de Grandville in-8 avec entou-
rage, gravé par Ruhierre, pour Don Quichotte;
remargées in-4.

73 — Suite des 12 figures de Janet Lange, lithogr. in-8.

74 — Réunion de 15 figures et portraits divers pour
Don Quichotte, d'après Johannot, Boulanger, Devéria
et autres.

75 — Suite des 13 figures de Folkéma pour les Nouvelles.
Très belles ép. avant la lettre toutes marges.

## CHATEAUBRIAND

76 — Suite des 86 figures et un portrait de l'édition
Pourrat, d'après Horace Vernet, P. Delaroche, Tony
Johannot, Raffet, etc., in-8, toutes marges,

77 — Suite des 12 figures anglaises de l'édition Wilkin
et portrait de Milton pour le Paradis perdu. 13 pièces
remargées.

78 — Suite de 54 figures, d'après Johannot, sur chine
et sur blanc, in-8, dont 14 à l'eau-forte pure, toutes
marges.

79 — Suite de 50 figures, d'après Johannot, Raffet, P.
Delaroche, Staal, etc., in-8 avec entourages.

80 — Suite de 82 figures et portraits de la première
suite de Staal, in-8 avec entourages, la plupart sur
chine.

81 — Suite de 3 figures de Saint-Aubin, dont une avant
la lettre. — Suite des 4 figures d'Alaux avant et avec
la lettre. — Suite des 6 figures de Blaisot dont une
avant la lettre. — Suite des 3 figures de Devéria
avant et avec lettre, pour Atala, Réné et le Dernier
Abencérage, 22 pièces.

## CHATEAUBRIAND

82 — Réunion de 42 figures diverses portraits et vues,
pour illustrer ses OEuvres.

## COOPER

83 — Suite dessinée et gravée par Alfred et Tony
Johannot. 48 figures sur chine et sur blanc, dont
6 épreuves d'artiste sur chine, marges in-fol.

84 — Réunion de vignettes et titres d'Alfred et Tony
Johannot, cartes et figures diverses, 79 pièces.

## CORNEILLE (P.)

85 — Suite de 10 figures de la suite de Moreau, du
premier tirage, Belles ép.

86 — Réunion de 20 figures diverses d'après Eisen,
Gravelot. Monnet, etc., et 7 portraits dont 2 par
Gaucher. Ensemble 36 pièces avec et avant la lettre.

87 — 13 figures de la suite in-12 de Deveria, avant la
lettre, toutes marges, (Manque deux vignettes et les
deux portraits).

## CORNEILLE (P. et Th.)

88 — Réunion de 80 figures anciennes, la majeure
partie sont du xvii° siècle.

## CORNEILLE (Thomas)

89 — Trois suites de figures anciennes pour ses
OEuvres, 90 pièces in-18, très curieuses pour les
costumes,

## COTTIN (M^me)

90 — Réunion de figures d'après Devéria, Westall, Picou, Desenne, Colin, etc., pour Elisabeth. 45 pièces in-24, in-12 et in-8°, en grande partie avant la lettre et à l'état d'eaux-fortes.

## CRÉBILLON

91 — Suite des 9 vignettes et un portrait par Marillier, gravés par Ingouf. Belles ép.

92 — Suite de 7 figures de Peyron ; toutes marges. — 6 figures de la même suite, eaux-fortes pures. — Suite des 7 figures de Devéria, in-12. Ensemble 20 pièces.

## DANTE

93 — Réunion de 23 figures diverses d'après Delacroix, G. Doré, etc. et 1 portrait in-4, gravé par Ph. Galle.

## DELAVIGNE (Casimir)

94 — Suite de 20 figures de Devéria, avant la lettre et ép. d'artistes sur chine et sur blanc.

95 — Suite des 12 figures de Johannot et Marckl, in-8. 25 pièces avec la lettre en états différents.

96 — Réunion de 25 figures diverses et 2 portraits avec et avant la lettre.

## DELILLE

97 — Suite des 18 figures d'après Girodet, Gérard, Moreau, Desenne, Westall, sur papier de chine avant la lettre. — 3 autres vignettes dont une à l'état d'eau-forte. Ensemble 21 pièces.

## DELILLE

98 — Suite de 22 figures in-12 et un portrait, gravés par Fortier, Frilley, Pigeot, etc. Ep. avant la lettre, toutes marges.

99 — Suite de 12 pièces d'après Johannot, in-8, dont 4 sur chine et 1 avant la lettre.

100 — Réunion de 58 vignettes diverses pour les OEuvres; plusieurs avant la lettre et à l'état d'eaux-fortes.

101 — Vignettes diverses pour ses OEuvres. 64 figures, la plupart sur chine; plusieurs sont avant la lettre.

102 — Suite des 4 figures de Catel pour l'Homme des champs, in-18 avant la lettre. — 2 figures en couleur et 3 autres. 9 pièces.

103 — Réunion de 8 portraits de Delille et de 32 portraits pour ses OEuvres; plusieurs sont avant la lettre.

104 — Réunion de vignettes et portraits de différents formats. 50 pièces dont 15 avant la lettre.

## DEMOUSTIER

105 — Suite des 36 figures de Monnet pour les Lettres à Emilie, toutes marges. (Manque la figure 5).

106 — Suite de 9 figures de Martinet avant la lettre; — 4 de Desenne; — 2 de Monnet avant la lettre et 3 de Choquet dont une avant la lettre. 18 pièces.

107 — Suite de 23 figures de Bartolozzi et autres, in-8. pour les Lettres à Emilie.

108 — Soixante huit figures anciennes et modernes pouvant servir à illustrer les Lettres à Emilie, d'après Eisen. Moreau. Boucher. Choquet. etc.

## DESTOUCHES

109 — Suite des 11 figures et un portrait de Lafitte. gravés par Delvaux, Queverdo etc., in-8. Belles ép.

110 — Suite des 11 figures et un portrait de Duvivier, in-12. Eaux-fortes pures, toutes marges.

## DIDEROT

111 — Suite des 4 figures de Le Barbier, in-8. avant la lettre pour la Religieuse. — Suite de 2 figures in-12 (deux exemplaires). 8 pièces.

## DIVERS

112 — Auteurs anciens. 30 figures diverses dont deux eaux-fortes pures et quatre avant la lettre.

113 — Les Cent Nouvelles nouvelles. Suites de 37 figures de Romeyn de Hooghe. Belles ép.

114 — Suite des 8 figures de Girardet in-12. pour les Cent Nouvelles nouvelles. Eaux-fortes pures.

115 — Chants et chansons populaires. Environ 200 figures de l'édition Delloye. Belles ép.

116 — Chansons populaires de France. Suite de figures de l'édition Gonet. 56 pièces, quelques doubles.

117 — Chants et chansons populaires. 6 figures par Daubigny, très belles ép.

118 — Chants et chansons. 94 figures dont 60 tirées de journaux illustrés.

119 — Clarisse Harlowe. Suite de 22 figures d'Eisen et Pasquier, in-8. — Suite des 17 figures d'Eisen et Pasquier. réductions in-18. tirage à part. toutes marges. Ensemble 39 p.

## DIVERS

120 — Clarisse Harlowe. 11 figures in-8. de la suite de Chodowiecki. Belles ép. — 1 portrait de Richardson. — 1 figure in-4, d'après Landser avant et avec lettres et trois autres. Ensemble 17 pièces.

121 — Suite des 6 figures de Moreau pour le Comte de Valmont. Belles ép. — La même suite avant la lettre — Suite des 14 figures de Monnet. Ensemble 26 pièces.

122 — Contes de fées. Vignettes d'après Marillier et autres, 8 pièces et 80 figures tirées de journaux illustrés.

123 — Contes de fées. Cendrillon, Suite de vingt figures et un frontispice par De Borel. Exemplaire sur papier fort, toutes marges. Tiré à petit nombre.

124 — Contes de fées. Peau d'âne à la fontaine, d'après Pollet. — L'Ogre et le petit Poucet, par Mouginot. — La Belle au bois dormant, 3 p. lithographiées. grand in-fol.

125 — Suite de 93 figures de Clouzier, pour la Doctrine des mœurs. — Suite de 48 figures pour la Grande Danse macabre, sur bois. Ensemble 141 pièces.

126 — Choix de Fables pour étrennes à la jeunesse. Album in-4. de 12 figures. — Environ 100 figures diverses d'après Eisen, Johannot, Grandville, etc., pour les Fables et les Contes. Et 2 miniatures sur ivoire pour les Contes.

127 — Suite de 30 figures de Romeyn de Hooghe pour l'Heptaméron, in-18.

128 — Réunion de 38 figures et Portraits pour l'Histoire d'Angleterre, d'après Johannot, P. Delaroche. etc.

129 — Suite des 20 figures de Lefèvre, in-8. sur chine. pour l'Histoire de la conquête de l'Angleterre par les Normands.

## DIVERS

130 — Histoire ancienne. Réunion de 45 figures de Cochin, Marillier, David, etc.;plusieurs sont avant la lettre et à l'état d'eaux-fortes.

131 — Réunion de 53 figures diverses pour l'Histoire de France et l'Histoire des Papes. in-8, plusieurs avant la lettre.

132 — Histoire de France. Suite de 40 figures sur bois par Jules David. — 70 gravures diverses. — Et 200 figures au trait in-8. Ensemble 310 pièces.

133 — Suite de 20 figures de Monnet in-8. — 5 figures de Duvivier in-12; — et 7 feuilles de vignettes sur chine volant pour l'Histoire des ducs de Bourgogne. Ensemble 32 pièces.

134 — Suite de 30 figures et vues pour l'Histoire de la Pologne par Alès, Chodzko, etc., in-4.

135 — Mythologie. Suite de 12 figures de Binet, in-12. imprimées en rose, collées en plein.

136 — Mythologie. Réunion de gravures et vignettes diverses, d'après Boucher, Cipriani, Huet, B. Picart, Martinet, Vleughels, etc. 80 pièces. plusieurs avant la lettre.

137 — Mythologie. Suite de 272 figures au trait, du Musée Landon, in-8.

138 — Suite des 13 figures gravées à l'eau-forte par Petit, pour Pari-Bamba, in-18.

139 — Révolution. Suite de 6 figures pour l'ouvrage de Lacretelle in-12, avant la lettre. — 27 figures de Duplessis Bertaux, scènes de la Révolution, en largeur. Ensemble 33 pièces.

140 — 20 figures de Raffet, Penguilly et autres. — 14 figures par Emy et 13 par Philippoteaux pour l'Histoire des deux Restaurations. Ensemble 47 pièces sur acier et sur bois.

## DIVERS

141 — Suite de vignettes pour l'Histoire de la Révolution et de l'Empire, d'après Johannot, Raffet et Scheffer. 22 pièces in-8 dont une avant la lettre.

142 — Réunion de 75 figures diverses pour l'Histoire de la Révolution, de l'Empire et de la Restauration ; plusieurs sont avant la lettre.

143 — Suite de 14 figures de Gravelot pour Falbaire, le Négociant de Londres, etc. — 13 figures diverses de Duclos, Marillier, etc. — 18 figures pour le Théâtre de Sedaine, dont 4 coloriées, et vignettes diverses. Ensemble 45 pièces.

144 — Suite de 24 figures au trait pour Marion Delorme, Robert le Diable, etc. — 25 portraits d'actrices lithographiés par Deveria. — 13 figures diverses d'ap. Boulanger, Johannot, etc. Ensemble 62 pièces.

## DUCIS

145 — Suite des 14 figures de Desenne, gravées par Johannot, etc. Avant et avec la lettre, sur chine et sur blanc. Ensemble 20 pièces.

146 — Suite de 22 figures in-8 de la suite de Desenne, dont 1 portrait, 6 sont avant la lettre, 13 avec lettre, blanc et chine et deux feuilles de musique. — 6 figures et portraits avant et avec lettre. Ensemble 28 pièces.

## ESCHYLE

147 — Suite de 31 figures et 1 frontispice, in-folio, au trait, par Flaxman, pour les Tragédies.

## FÉNELON

148 — Télémaque. Suite des 24 figures de Bonnart, gravées par Giffart, sans marges. — Suite des 24 figures de Quéverdo, in-12. 48 pièces.

## FÉNELON

149 — Suite des 24 figures et 1 frontispice, pour Télémaque, gravés par Tardieu d'après Coypel, in-8.

150 — Suite de 5 figures de Cochin, in-8, dont 3 avant la lettre.

151 — Suite de 20 figures in-4, d'après Coypel, etc., pour Télémaque, toutes marges.

152 — Suite des 25 figures de Sperling, Leclerc, etc. Édition hollandaise in-4. Belles ép.

153 — Suite des 24 figures de Quéverdo, in-12, et 1 portrait. — 12 figures de la même suite avant la lettre. 37 pièces toutes marges.

154 — Télémaque. Suite des 24 figures et 1 frontispice de Parizeau, in-4, avant la lettre. — La même suite à l'état d'eaux-fortes. Ensemble 50 pièces.

155 — 62 figures de différentes suites, d'après Monnet, Coypel, Manceau, Wattier, etc.; plusieurs sont avant la lettre.

156 — 36 figures de différents formats, d'après Cochin, Eisen, Lefebvre et autres.

157 — Suite des 24 figures de Manceau pour Télémaque. Belles ép. sur chine.

158 — Suite des 24 figures et 1 frontispice, sans noms d'auteurs, in-12.

159 — Suite des 24 figures et 1 portrait gravées en Angleterre, in-12, dont 2 avant la lettre. — 12 figures dont 4 eaux-fortes, réductions in-24. Ensemble 37 pièces.

160 — Suite des 20 figures de Marckl pour Télémaque, in-8 sur chine, grand papier.

161 — Suite de 12 figures et 1 frontispice, par Baron et Célestin Nanteuil, sur chine, — et 169 figures sur bois, de l'édition Mallet. Ensemble 182 pièces.

## FÉNELON

162 — 11 portraits par Desenne, Gaucher et autres, un
est à l'eau-forte et un autre avant la lettre ; plus le
frontispice de Choffard. d'après Monnet, belle ép.,
toutes marges. 12 pièces.

## FLORIAN

163 — Suite de 11 figures et 2 portraits, d'après Marillier, Quéverdo et Monnet, in-8, pour les Œuvres
complètes ; belles ép.

164 — Suite de 32 figures de Quéverdo in-18, pour le
Théâtre, les Nouvelles, les Fables. etc. —Belles ép.

165 — Suite des 18 figures de Ransonnette, in-12. — La
même suite avec les cadres, marges in-8.

166 — 8 figures de la suite de Desenne. avant la
lettre, blanc et chine, grand papier, — 11 figures,
eaux-fortes, avant et avec la lettre, de la suite de
Choquet et Gudin. Ensemble, 19 pièces.

167 — Réunion de 80 figures et portraits de différentes
suites.

## FOÉ (Daniel de)

168 — Suite des 4 figures de Duvivier, pour Robinson
Crusoé, in-12, à l'état d'eaux-fortes. — 4 figures de
Stothard. — 6 figures de Granville. — Suite des 8
figures d'après Sainson. — Suite des 20 figures de
Trichon, tirage à part. — 8 figures in-12 avant la
lettre — et 7 figures diverses. Ensemble 57 pièces.

## GENLIS (Mme de)

169 — Suite des 4 figures de Desenne à l'état d'eaux-
fortes, toutes marges. — 2 exemplaires des 2 figures
de l'édition Werdet, avant la lettre, sur chine, grand
papier. 8 p.

## GESSNER

170 — Suite des 51 figures de Moreau gravées par de Ghendt, Lemire, Delvaux, etc., in-18. Très belles ép. avant les numéros, toutes marges.

171 — Suite des 24 figures de Monnet in-12. — 10 figures sans les cadres. Ensemble 34 pièces.

172 — Suite de 11 figures de Monnet, in-12. Ens. 59 ép.

173 — Suite des 32 figures in-18, à deux sur la feuille. — Suite de 13 figures de Moreau, dont 6 avant la lettre — et 3 de Marillier. Ensemble 48 pièces.

174 — Figures, fleurons et culs-de-lampe de la suite de Le Barbier, in-4. 31 pièces, dont 5 à l'eau-forte pure — et 50 figures, fleurons, etc., de la suite de S. Gessner. Ensemble 81 pièces.

175 — Vignettes et sujets divers. 28 pièces dont 2 d'après Le Barbier, in-fol. en couleur.

## GOETHE

176 — Suite des 3 figures de Moreau le jeune, gravées par de Ghendt et Simonet, in-8, pour Werther. Très belles ép. avant la lettre, toutes marges.

177 — Suite des 4 figures de Kolbe pour Herman et Dorothée, in-8. toutes marges. — 9 figures des deux suites de Johannot, dont 6 avant la lettre. Ensemble 13 pièces.

178 — Suite de 24 figures de Richter in-8, papier teinté, toutes marges.

179 — Suite de 50 figures au trait, par Pobuda, in-12.

180 — Réunion de 32 figures diverses d'après Scheffer, Eug. Delacroix, Ramberg, etc., pour Faust et Werther ; et 2 brochures.

181 — Goëthe-Galerie Munich. Suite de 18 photographies in-12 d'après Kaulbach.

## GOLDONI

182 — Suite de 27 figures de Novelli, pour les OEuvres,
in-8. Belles ép.

## GRAFFIGNY (M^me de)

183 — Suite des 8 figures (retournées) de Lefebvre,
gravées par Godefroy, pour les Lettres d'une Péru-
vienne, ép. avant la lettre toutes marges. — Suite
des 2 figures de Desenne, éd. Werdet, avant la lettre,
sur chine et avec lettre. 14 pièces.

## HAMILTON

184 — Suite des 4 figures de Moreau, in-8. belles ép.,
plus une avant la lettre. — Suite des 4 figures de
Desenne avant la lettre sur chine et 3 eaux-fortes. —
et 3 portraits, Ensemble 15 pièces.

## HOFFMAN

185 — 10 figures de Gavarni pour les Contes fantasti-
ques, 125 épreuves. — Et 3 figures diverses. Ensemble 128 pièces.

## HOMÈRE

186 — Suite des 57 figures du maître au monogramme
T. V. T. pour l'Odyssée, 57 pièces petit in-fol., très
belles ép. toutes marges.

187 — Réunion de 56 figures des suites de Bouttats,
Roëttiers, Shonebech, etc..pour l'Iliade et l'Odyssée,
in-12.

188 — Iliade. Suite des 24 figures de Bernard Picart,
in-8, belles ép.

189 — Réunion de 35 figures diverses d'après Séb. Leclerc, Larmessin, Marillier. Cochin,Boucher, Coypel
etc., de différents formats.

## HOMÈRE

190 — Ulysse enlevant le fils d'Andromaque. — Andromaque au tombeau d'Hector. — Ulysse abordant à l'île des Phéaciens. — Portrait d'Homère, 4 pièces in-fol.

## LABORDE

191 — 1 figure de Moreau pour les Chansons, et 2 copies avant la lettre sur chine. 3 pièces.

## LA BRUYÈRE

192 — Suite des 20 figures de Penguilly, in-8. sur chine, avant la lettre.

## LACHAMBAUDIE

193 — Fables. 10 figures de Cabasson. Daubigny, Célestin Nanteuil, etc. in-8.

## LAFAYETTE (M^{me} de)

194 — Suite des 4 figures de Desenne pour la Princesse de Clèves; eaux-fortes et avant la lettre, plus 2 pièces en grand papier. 10 pièces.

195 — Suite de 8 figures de Desenne (Ed. Verdet), pour Zaïde et la Princesse de Clèves, eaux-fortes, avant et avec la lettre, chine et blanc. 18 pièces.

196 — 60 figures in-12 de Desenne et autres, pour la princesse de Clèves, M^{lle} de Clermont, etc. La plupart eaux-fortes pures et avant la lettre.

## LA FONTAINE

197 — OEuvres. Suite des 20 figures in-12 de la troisième suite de Desenne, avant la lettre, toutes marges. — 15 figures de la même suite à l'état d'eaux-fortes. Ensemble 35 pièces.

## LA FONTAINE

198 — Suite de 12 figures, d'après Devéria, avant la
lettre et un portrait, in-8., toutes marges.

199 — Suite des 30 figures sur bois de Devéria et Thompson, édition Sautelet.

200 — Suite des 29 figures de Devéria et Thompson,
têtes de pages de l'édition Baudouin, et un Portrait,
remarg. in-8.

201 — Suite des 18 figures, têtes de pages de l'éd.
Delongchamps, remarg. in-8.

202 — Suite des 12 figures de Johannot, in-8 pour les
Œuvres, dont 5 avec la lettre, 13 avant la lettre et
4 à l'état d'eaux-fortes. Ens. 22 pièces.

203 — Réunion de figures des suites de Desenne, Chasselat, Bergeret, Percier, Devéria et autres. 138 pièces,
dont plusieurs avant la lettre.

204 — Fables. Suite de 53 figures anciennes, sur bois,
curieuses. — 68 figures diverses, la plupart anciennes,
plusieurs avant la lettre. Ens. 121 pièces.

205 — Suite des 132 figures de Chauveau, d'ap. Henri
Cause. Édition de La Haye, remargées in-4.

206 — Suite de 68 figures d'Oudry, pour les Fables.
in-fol., belles ép., dont une avant la lettre et quatre
à l'état d'eaux-fortes.

207 — 4 Figures d'Oudry et 9 de Vernet et H. Lecomte,
in-4.

208 — Suite des 366 vignettes, têtes et fins de pages de
l'édition gravée Fessard et Montessuy, d'ap. Monnet,
St-Quentin, Huet, etc., remargées in-12.

209 — Suite des 6 pl. contenant 10 sujets, par Gravelot,
pour les Fables. Très belles ép.

## LA FONTAINE

210 — Suite des 18 figures de Moreau, du deuxième tirage, gravées par Simonet, Dupreel, Villeret, etc. 23 p. sur chine dont 18 avant la lettre; plusieurs sont remargées.

211 — Suite des 252 figures hors texte, de l'édition Fessard et Montessuy. par Monnet, Huet, Saint-Quentin, etc., remargées gr. in-8.

212 — Réunion de 45 figures de tous formats pour les Fables, d'après B. Picart, Cochin. Monnet, Moreau, Bergeret, Johannot, etc.

213 — Fables. Suite des 60 figures de Couché, Ransonnette, etc., in-12. avant la lettre, marges in-8.

214 — Suite de 50 figures de Ransonnette, in-12, en bistre. — 10 figures de la même suite coloriées. 60 pièces.

215 — Suite des 248 figures de Lejeune, réductions des figures d'Oudry, remarg. in-12.

216 — 76 figures de Ransonnette. — 58 de l'édition Lejeune, réductions d'Oudry, dont 12 à l'eau-forte pure. — 33 d'Eisen et Monnet, de l'édition gravée par Fessard et Montessuy. Ens. 167 pièces.

217 — Suite des 6 figures réduites de Bergeret, in-24. remargées. Rares.

218 — Suite des 24 figures de Choquet, et des 12 figures de Texier pour les Fables. 36 pièces.

219 — Suite de 20 figures de Bouchot, in-4. coloriées. toutes marges (une est en noir).

220 — Suite des 275 figures de Vivier, gravées par Simon et Coiny, pour les Fables. avant les n°s. toutes marges.

221 — Suite anglaise des 16 figures de Perdoux. toutes marges.

## LA FONTAINE

222 — Suite des 12 figures de Chasselat. Belles ép. avant la lettre, toutes marges. — Et 7 pièces de la même suite à l'état d'eaux-fortes.

223 — Suite des deux figures d'Abel Girardet, in-8., sur chine, remargées in-4.

224 — Suite des 245 figures de Bertin, réductions des figures d'Oudry, remargées in-4°. Belles ép.

225 — Suite des 110 figures de l'édition Nepveu, pour les Fables, d'après Oudry, in-4.

226 — Suite des 12 figures hors texte et un titre, de l'édition A. Aubrée, pour les Fables.

227 — Suite de 24 figures, fins de pages de l'édition A. Aubrée, remargées in-16.

228 — Suite des 243 figures, têtes de pages de l'édition Armand Aubrée, remargées in-12.

229 — Suite des 75 figures sur bois, têtes de pages de l'édition Crapelet, remargées in-16.

230 — Suite de 8 figures de Newton Fielding, pour les Fables, lithographies in-4.

231 — 8 figures, d'après Decamps, in-4. dont 7 sur chine. Rares.

232 — Suite des 8 figures de Hadamard pour les Fables. — La même suite coloriée. 16 pièces.

233 — Figures sur bois, par Bertall, Cham et autres, 121 pièces.

234 — Le Berger et la Mer, par Turpin de Crissé, gravé par Lemaître, in-fol. avant et avec la lettre, 2 pièces.

235 — La Cigale et la Fourmi, 4 lithographies de Weber in-fol., dont 3 coloriées.

## LA FONTAINE

236 — La Fortune et le Jeune Enfant, d'après Baudry.—
Le Rat retiré du monde d'après Rousseau. — Les
deux Pigeons d'après Deville. — La Mort et le Malheureux, d'après Decamps. 4 pièces in-4. toutes
marges, 2 sont avant la lettre.

237 — La Laitière et le Pot au lait, d'après Gillot. —
Autre d'après Fragonard, 2 pièces in-fol.

238 — Suite des 6 figures de Mitelli pour la Fable : Le
Meunier, son Fils et l'Ane, in-fol.

239 — Le Satyre et le Passant, 2 pièces anciennes. —
Les Voleurs et l'Ane, lithographie par Daumier,
3 pièces.

240 — Fables et Contes. 14 figures de la suite de
Moreau, du 1er tirage dont quatre doubles. Trois sont
avant la lettre.

241 — Contes. Suite de 50 figures et 1 frontispice de
Romeyn de Hooghe, de l'édition d'Amsterdam 1685,
réemmargées grand in-8.

242 — Suite de 15 figures anciennes, réductions des gravures de Larmessin, d'après Boucher, Lancret, Pater
et autres.

243 — Suite de 85 figures d'après Eisen et 1 portrait
de l'édition des Contes de La Fontaine dite des
Fermiers généraux, remargées in-4. Les figures
du Tableau, du Cas de conscience et 4 autres s'y
trouvent en états différents.

244 — 74 figures dont deux titres et les deux portraits,
de la suite d'Eisen dite des Fermiers généraux. Cette
suite est composée d'épreuves originales et de copies
mais toutes en bonnes épreuves.

245 — Suite des 60 fleurons de Choffard, de l'édition
des Fermiers généraux. Tirage moderne sur chine,
in-8.

## LA FONTAINE

246 — 23 figures, copies de l'édition des Fermiers généraux. — 36 de Duplessis-Bertaux. — 30 de Roqueplan, Janet Lange, etc., édition Bourdin. — 7 figures diverses. Ensemble 96 pièces, quelques doubles.

247 — Suite des 70 figures de la première suite de Duplessis-Bertaux pour les Contes, de l'édition Cazin, marges in-8.

248 — Suite des 23 figures de la seconde suite de Duplessis-Bertaux, Desenne, etc. — La même suite réduite pour être ajoutée à l'édition Cazin. Ensemble 47 pièces toutes marges.

249 — Suite de 60 figures attribuées à Cochin, têtes de pages de l'édition de 1776, rééditée en 1808.

250 — Suite de 3 figures in-18, d'après Eisen pour les contes. Eaux-fortes pures. Très rares.

251 — 7 figures de Monnet pour les Contes, in-8., remargées.

252 — Suite de 7 figures de Desrais, in-12.

253 — Suite des 65 figures de la première suite de Desenne, avant la lettre. — et 6 figures avant les changements. Ensemble 71 pièces in-12, marges in-8.

254 — 36 figures des suites de Desenne et Duplessis-Bertaux en grand papier, dont 6 avant la lettre.

255 — 22 figures de Desenne, Collin et autres in-12, pour les contes, épreuves avant la lettre toutes marges, plus 2 pièces avec la lettre.

256 — 18 figures de la suite in-4. de Devéria, lithographies toutes marges. Trois sont sur chine et trois en couleur.

257 — 3 pièces pour les Contes, par Hersent, in-4. Belles épreuves, toutes marges.

## LA FONTAINE

258 — 4 figures de la suite de Devéria, lithographies in-4., pour les Contes. — 2 de Hersent. — et 8 pour la Fiancée du roi de Garbe. Ensemble, 14 pièces.

259 — Suite de 14 figures par André, Champion et Ducornet, in-8. toutes marges.

260 — Suite de 26 figures d'après Baron, Lorsay, T. Johannot, etc. de l'édition des Contes de Boccace publiée par Bourdin ; pouvant être ajoutées aux Contes de La Fontaine.

261 — Suite des 31 figures de l'édition Bourdin, hors texte, pour les Contes, sur chine et sur blanc.

262 — Suite des 70 vignettes, entêtes de l'édition Bourdin, remargées in-12.

263 — La Courtisane amoureuse, ancienne ép. sans marge, — Le fleuve Scamandre, de Lancrenon, avant la lettre. — A femme avare, galant escroc, photographie d'après Lancret. 3 pièces.

264 — La Fiancée du roi de Garbe. Suite de 4 vignettes lithographies in-4. — La même suite coloriée. 8 p. toutes marges.

265 — Le Juge de Mesle, in-4. avant toutes lettres. — Mazet de Lamporecchio, in-8. en couleur, avant toutes lettres — et 24 figures diverses, la plupart avant la lettre.

266 — 16 photographies pour les Contes, in-4. d'après Boucher, Lancret, Pater, etc.

267 — Psyché. Suite des 32 figures de Marc-Antoine d'après Raphaël, in-4.

268 — Suite des 32 figures au trait de la fable de Psyché d'après Raphaël, in-4.

## LA FONTAINE

269 — Suite des 45 figures au trait, par Lenoir, d'après
Raphaël, pour Psyché, in-8.

270 — Réunion de 25 figures au trait pour Psyché et
Adonis.

271 — Psyché et l'Amour, par George Ghisi. — 2 sujets
par Marc Antoine, d'après Raphaël. — Psyché avec
l'Amour endormi, manière noire. — L'Amour aban-
donne Psyché, lithogr. d'après Delorme, avant la
lettre. 5 pièces.

272 — Suite de 14 figures de L. Gaultier pour Psyché,
in-18. — 4 figures de Séb. Leclerc, in-4 — et 7 figures
de Swanevelt. Ensemble 25 pièces.

273 — Suite des 8 figures de Moreau pour Psyché et
Adonis, in-8. Belles ép.

274 — Suite de 5 figures de la suite de Moreau, in-8 —
et 3 figures de la réduction in-12, dont 2 avant la
lettre. 8 pièces.

275 — Réunion de 44 figures diverses pour Psyché et
Adonis, d'après Moreau, Cochin, Boucher, Lebarbier,
Gérard, etc.; beaucoup sont avant la lettre et à l'eau-
forte pure.

276 — Suite des 6 figures de Binet pour Psyché, in-12.
Belles ép. avant la lettre, toutes marges.

277 — Suite de figures de Desenne, in-12 pour Psyché,
les Contes et le Théâtre. 27 pièces dont 16 avant la
lettre.

278 — Suite des 6 vignettes pour Psyché, photographies
d'après Émile Wattier, in-8.

279 — Réunion de 11 figures in-fol. pour Psyché, en
noir et en couleur, gravées et lithographiées.

280 — Psyché et Adonis. 28 figures, photographies
d'après les Maîtres, in-12.

## LA FONTAINE

281 — Réunion de 20 portraits de tous formats, par **Fi-quet**, **B. Picart**, d'Elvaux, Tardieu et autres; plusieurs sont avant la lettre, plus deux fac-simile d'écriture.

## LAHARPE

282 — Suite de 23 figures in-8, édition Ledentu, 1825, toutes marges (Manque une pièce).

## LEGOUVÉ

283 — Suite des 3 figures de Boizot, gravées par Patas et Baquoy pour la Mort d'Abel, plus une avant la lettre. — 7 figures de Desenne in-8 avant et avec lettre — et 40 figures diverses, in-8 et in-12. Ensemble 51 pièces.

## LUCAIN

284 — Suite de 12 figures de Chauveau, in-12, pour la Pharsale.

285 — Suite des 10 figures et un frontispice de Gravelot, in-8.

286 — Suite des 10 figures de Perrin, gravées par de Ghendt, Halbou, Pauquet, etc. Ép. avant la lettre, toutes marges. — La même suite avec la lettre.

## MALFILATRE

287 — Suite de 3 figures pour Narcisse, d'après G. de Saint-Aubin, avant la lettre, et une à l'état d'eau-forte. — Suite des 4 figures gravées par Duval, ré-duction des précédentes, avant la lettre. — 1 portrait de Malfillâtre, avant la lettre — et 9 vignettes diverses pour Héro et Léandre, Chénier, etc. Ensemble 18 pièces.

## MARMONTEL

288 — Suite de 22 figures de Gravelot pour les Contes moraux. Bonnes ép.; il manque deux pièces pour que la suite soit complète.

289 — Réunion de 27 figures, d'après Cochin, Gravelot, Desenne, etc., plusieurs sont avant la lettre et à l'état d'eaux-fortes.

## MÉTASTASE

290 — Suite des 110 figures de Novelli, in-12, bonnes ép.

291 — Réunion de 17 figures, in-8, d'après Cochin, Cipriani, etc., dont une à l'état d'eau-forte et 3 avant la lettre.

## MILLEVOIE

292 — 4 figures diverses in-4 et un portrait gravé par Alf. Johannot, avant la lettre. 5 pièces.

## MILTON

293 — Vignettes, d'après Hayman, Corboult, Westall, Johannot, etc., pour le Paradis perdu. 36 pièces.

294 — Suite de 9 figures de Westall pour le Paradis perdu, in-12. — 3 figures in-8, d'après le même. — 6 figures de Hayman pour le même ouvrage. — 5 figures et un portrait pour les OEuvres diverses. Ensemble 24 pièces.

295 — Réunion de gravures anciennes et photographies pour le Paradis perdu. 14 pièces in-fol.

## MOLIÈRE

296 — Suite des 33 figures de Boucher, in-12, gravées par Fessard, réemmargées in-8.

# MOLIÈRE

297 — Suite des 33 figures de Boucher, in-4, gravées par Laurent Cars et 1 portrait d'après Coypel, Paris, Delarue. Exemplaire en livraisons sur papier de Hollande.

208 — Les Fourberies de Scapin, d'après Boucher, par Chedel. Eau-forte pure, le nom à la pointe.

200 — Suite des 33 figures de Moreau (1re suite). Tirage fait en 1806, des planches réduites. Belles ép. remargées in-8 et un portrait par Lignon.

300 — Suite des 33 figures de Moreau, première suite, tirage moderne et 3 portraits. 36 pièces.

301 — Suite des 30 figures de la seconde suite de Moreau. Très belles ép. sur papier de chine, grandes marges.

302 — Vignettes anciennes, d'après Boucher, in-8 et in-4. 7 pièces.

303 — Figures diverses, in-8 et in-4, d'après Moreau, Boucher, Desenne et autres. 34 pièces, plusieurs sont à l'eau-forte pure et avant la lettre.

304 — Suite de 21 figures de Chasselat, in-18, dont 10 avant la lettre et 2 eaux-fortes, toutes marges.

305 — Suite de 9 figures de Bugnet et Chasselat, in-8, dont une eau-forte et 6 avant la lettre.

306 — Suite de 9 figures, d'après Horace Vernet, Hersent, etc., in-8 avant la lettre, dont une à l'état d'eau-forte.

307 — Suite de 18 figures par Horace Vernet, Hersent, etc. — Suite de 11 figures de Desenne. Ensemble 29 pièces in-8. Belles ép.

308 — Suite de 20 figures, d'après Desenne, in-8, avant la lettre, dont une double sur papier de chine et 2 à l'état d'eaux-fortes.

309 — Suite de 36 figures de Desenne, in-18, dont 19 avant la lettre et 2 eaux-fortes, remargées in-8.

## MOLIÈRE

310 — Réunion de 10 figures diverses, d'après Grandville, L. Boulanger, Leslie, etc., et une photographie, d'après Plassan.

311 — Suite de 6 figures de Riffaut. Petit in-4.

312 — Suite des 33 figures, 1 portrait et 1 frontispice, d'après Boucher. Édition Lemerre, in-18.

313 — Figures sur bois. 128 pièces.

314 — 26 portraits par Taurel, avant la lettre, Migneret, Legrand, d'Elvaux et autres.

## MONTESQUIEU

315 — Le Temple de Gnide. Suite des 7 figures de Monnet, toutes marges.

316 — Suite des 12 figures de Regnault pour le Temple de Gnide, in-12. — 5 figures de la même suite, avant la lettre. Ensemble 17 pièces.

## OSSIAN

317 — Suite des 36 figures et un frontispice au trait, in-4 — et 9 figures diverses. 46 pièces.

## OVIDE

318 — Suite de 38 figures de Jaspar Isaac et Diépenbeck, pour les Métamorphoses, in-fol.

319 — Suite de 11 figures de Jaspar Isaac, in-8. Rares.

320 — Suite de 48 figures de Coiny et Couché, in-12.

321 — Suite de 60 figures de Brunet, Du Ryer et Scotin, pour les Métamorphoses, in-18.

322 — Suite de 14 figures de Zocchi et 2 portraits, in-8.

## PALISSOT

323 — Suite des 10 figures de Monnet pour la Dunciade.
— 3 figures avant la lettre de la même suite. —
Suite des 8 figures de Méon et 1 portrait pour le
Théâtre. Ensemble 22 pièces in-8.

## PERRAULT

324 — Cortes de fées. 6 lithographies de G. Doré — et
2 photographies. 8 pièces in-fol.

## PLUTARQUE

325 — Vies des hommes illustres. Suite de 85 figures
anciennes, sur bois, in-8.

## POPE

326 — Suite des 24 figures et 1 portrait, par B. Picart
pour l'Iliade, in-18.

327 — Suite des 8 figures de Moreau, in-4, gravées par
Delvaux, Simonet, Lemire, pour Héloïse et Abailard
— plus 4 vignettes de la même suite, avant la lettre
et une à l'état d'eau-forte. Très belles ép., marges
in-fol, 13 pièces.

328 — Suite de 20 figures et un portrait, d'après Blakey,
Hayman, etc., in-18.

329 — Suite des 40 figures au trait de Flaxman, pour
l'Iliade — et des 33 figures pour l'Odyssée. Ensemble
73 pièces, toutes marges.

330 — Réunion de vignettes et portraits pour le Paradis
perdu, Héloïse et Abailard, d'après Eisen, Marillier,
Moreau, Stothard, etc. et grandes pièces rondes en
couleur, d'après Angelica Kauffmann, 41 pièces.

## RABELAIS

331 — Suite des 12 figures de Devéria sur chine, édition
Dalibon. — 6 figures de la même suite à l'état
d'eaux-fortes, 18 pièces.

## RACINE (J.)

332 — Suite des 12 figures et 1 frontispice par Chauveau, in-8. Belles épreuves, remargées.

333 — Suite de figures anciennes in-12 et in-18, 15
pièces remargées.

334 — Suite des 12 figures de Gravelot, in-8., avant la
lettre, et un portrait par Gaucher. — 7 pièces même
suite avec la lettre. Ensemble 20 pièces.

335 — Suite des 56 figures de Gérard, Girodet, Chaudet,
Prudhon, etc. édition Didot, in-8. Très belles ép.
avant la lettre, toutes marges.

336 — Suite de 33 figures d'après Gérard, Girodet, Prudhon, etc. in-8. Anciennes épreuves.

37 — Suite de 52 figures au trait, d'après Gérard, Girodet, Prudhon, etc. in-8.

338 — Réunion de 27 figures diverses d'après Gravelot,
Le Barbier, Desenne. Devéria et autres, in-8.

339 — Réunion de plusieurs suites modernes pour ses
œuvres, d'après Prudhon, Gérard, Girodet, Desenne, Devéria, etc., in-8. 61 pièces dont 9 à l'état
d'eaux-fortes, 22 avant la lettre, chine et blanc, et
30 avec lettre.

340 — Suite des 12 figures de V. Adam, in-12, avant
toutes lettres. — 8 figures de Chasselat, avant la
lettre sur chine, in-32, remargées. Ensemble 20
pièces.

341 — Suite des 12 figures de Desenne, et un portrait,
in-12, gravés par Girardet.

### RACINE (J.)

342 — Suite de 5 vignettes in-8, avant toutes lettres. —
4 figures, gravées par Barrière. 9 pièces.

343 — Suite des 56 figures et un frontispice au trait, de
J.-B. Calmé, in-12.

344 — Suite des 12 figures et un portrait par Staal,
in-8. — 40 figures anciennes et modernes. Ensemble 52 pièces.

345 — Portraits de Racine, par Saint-Aubin, Dupreel,
etc., in-8. 16 pièces.

### RACINE (Louis)

346 — Suite des 3 figures de Duvivier, eaux-fortes pures,
et avant la lettre, chine et blanc, plus le portrait à
l'eau-forte, 10 pièces.

347 — Suite des 3 figures in-8, de V. Adam et Fortier,
avant la lettre sur chine, plus une à l'eau-forte pure
et 2 avec lettre, 6 pièces.

### RAYNAL

348 — Suite des 7 figures d'Eisen, in-8, belles ép. toutes
marges. — 2 figures de la même suite à l'état d'eaux-
fortes. — 4 figures in-4. — Et 3 figures de Moreau
16 pièces,

### RÉTIF DE LA BRETONNE

349 — Suite de 88 figures de Binet, pour les Parisiennes,
les Contemporaines, etc.; plusieurs sont avant la
lettre et 1 à l'état d'eau-forte.

350 — Suite de 91 figures de Binet pour le Paysan et la
Paysanne pervertie. Belles ép., plusieurs sont remargées.

## RICCOBONI (M^me)

351 — Suites de Gravelot et Brion-Latour, 18 figures
avant la lettre.

## ROUSSEAU (J.-J.)

352 — Suite de vignettes pour les OEuvres, d'après Cochin
et Monsiau, gravées par Lemire, Ponce, Dambrun,
etc., in-4. 13 pièces, **eaux-fortes pures**, toutes
marges.

353 — Suite de 9 figures **avant la lettre** de la même
suite, grandes marges. — Et 3 avec la lettre.
Ensemble 12 pièces.

354 — OEuvres. Réunion de 161 figures des suites de
Cochin, Eisen, Moreau, Marillier, Gravelot, Johannot, Devéria, Desenne, etc., avec et avant la
lettre.

355 — Suite de 11 figures d'après Moreau et Lebarbier,
in-4; plusieurs sont avant la lettre.

356 — Suite des 42 figures de Devéria, in-8., eaux-fortes
pures ; 35 avant la lettre et 7 avec la lettre. Ensemble 84 pièces sur chine, grandes marges.

357 — Suite des 26 figures et un portrait par Marillier,
in-18, gravées par De Launay, De Ghendt, etc., 27
pièces remargées in-8.

358 — Suite de 15 figures de Marillier in-12, de la première édition, grandes marges.

359 — Réunion de vignettes d'après Cochin, Eisen,
Moreau, Marillier, Johannot, etc. 30 pièces, dont
plusieurs avant la lettre et à l'état d'eaux-fortes.

360 — Suite de 26 figures d'Alfred et Tony Johannot,
Roqueplan, etc., pour les OEuvres. Très belles ép.;
plusieurs sont avant la lettre, sur chine et sur
blanc.

## ROUSSEAU (J.-J.)

361 — Suite de 12 figures et 3 vues de la suite de Desenne, 2 sont à l'état d'eaux-fortes, 12 avant la
lettre et 16 avec la lettre. Ensemble 30 pièces.

362 — Suite des 6 figures de Cochin et Eisen pour
Emile, in-8. et 1 copie. 7 pièces.

363 — Suite de 12 figures de Gravelot pour la Nouvelle
Héloïse, dont 1 avant la lettre.

364 — Vignettes d'après Prudhon, pour le même ouvrage, 5 pièces. — et 1 lithographie d'après Th. Fragonard.

365 — Suite de 16 figures d'après Johannot, Em. Wattier, etc., pour la Nouvelle Héloïse, sur chine. —
15 figures pour les Confessions, dont 5 sur chine.
Ensemble 31 pièces.

366 — Suite des 6 lithographies de Gavarni, in-4, pour
les Confessions.

367 — 9 vues diverses des habitations de J.-J. Rousseau
pour les Confessions.

368 — Suite des 6 figures in-12 de Moreau pour Pygmalion, in-8. Très belles ép. du premier tirage.

369 — Suite des 6 figures d'Eisen pour Pygmalion, in-
8, papier vélin.

370 — Réunion de 18 portraits avant et avec la lettre.

## SAINT-LAMBERT

371 — Les Saisons — Les Mois, 12 figures d'après Eisen
et Lebarbier, in-8, dont 1 à l'état d'eau-forte et
1 avant la lettre — 30 figures diverses, in-8, et in-4.
Ensemble, 42 pièces.

## SAINTE-BIBLE

372 — Suite de 44 figures sur cuivre pour l'Ancien et le Nouveau Testament, grand in-8, par le maître au monogramme H. B. 1615.

373 — Suite des 178 figures, têtes de pages, de Gutl (xvii<sup>e</sup> siècle), in-12, sur bois.

374 — Suite des 30 figures et 1 frontispice d'Harrewyn, Liège, 1701, in-8. en largeur.

375 — Sujets de l'Ancien et du Nouveau Testament, d'après Rembrandt, Ph. Galle, P. Testa, Martin de Vos, Wierix, Collaert, B. Picart, Cipriani, etc. 95 p., plusieurs en couleur.

376 — Réunion de vignettes anciennes et modernes de divers formats. 138 pièces.

377 — Suite de 105 figures au trait d'après les grands maîtres, pour l'Ancien et le Nouveau Testament, in-4. Toutes les épreuves portent la signature de Firmin Didot.

378 — Vignettes diverses d'après Moreau, Marillier, Monsiau, Westall, etc. 41 pièces in-8, dont plusieurs avant la lettre.

379 — Suite de figures de Devéria pour l'Ancien et le Nouveau Testament, in-8. 49 pièces dont 1 avec la lettre, 24 avant lettre et 24 à l'état d'eaux-fortes.

380 — 7 figures de Goz, in-fol — Et 6 figures de Mariette pour le Nouveau Testament, 13 pièces.

381 — Suite de 64 figures de L. Gaultier pour le Nouveau Testament, in-fol.

382 — Suite de 18 figures de Weert, in-12.

383 — Suite des 83 figures de Moreau, pour le Nouveau Testament, in-8. Belles ép., presque toutes avant le numéro, toutes marges.

## SAINTE-BIBLE

384 — Les Femmes de la Bible, par Staal. Suite de 38 figures, in-4. Belles ép.

385 — Les Femmes de la Bible, 18 pièces. Les Apôtres, 8 pièces par Reindal. — Les Évangélistes, à l'état d'eau-forte, et 3 portraits pour la Bible. Ensemble 33 pièces.

386 — Sujets religieux, par Duplessis-Bertaux, Chodowiecki, Marillier, Devéria, Staal et [autres. 48 pièces.

387 — Réunion de 210 figures anciennes, in-8, et in-4, plusieurs très rares.

388 — 500 figures d'après les maîtres, tirées du Musée Landon. — Et 124 figures sur bois tirées de journaux.

## SCHILLER

389 — Suite de 7 figures par Burdet. — Suite de 10 figures allemandes. — Suite de 24 figures sur bois.— 21 vignettes diverses. Ensemble 62 pièces.

390 — Suite des 12 figures photographies, d'après Kaulbach, Muller, etc., in-12.

## SCRIBE

391 — Suite de figures par Alfred et Tony Johannot, gr. par Blanchard. 129 p. Belles ép. sur chine et sur blanc.

## SHAKESPEARE

392 — Suite de 38 figures et un portrait par Stothard, Westall, Smirke, Hamilton, etc., in-fol. Très belles ép., la plupart toutes marges.

## SHAKESPEARE

393 — Suite des 96 figures de Smirke, Stothard, Westall, Cooper, Leslie, etc. Londres, 1825-29, in-8. Belles ép. toutes marges.

394 — Suite de 67 figures au trait d'ap. Westall, Stothard, Hamilton, Smirke, etc., in-8.

305 — Suite de 18 figures in-8. par divers. Londres, Ch. Daly.

396 — Suite anglaise de 39 figures, à deux sujets sur la feuille, in-8.

307 — Suite de 9 figures et un portrait gr. par Hopwood. — Galerie des femmes de Shakespeare, 28 portraits in-8. Ens. 38 p.

398 — Suite de 27 figures de l'édition Baudry, par Audibran, Sisco, Rouargue, etc., in-8.

399 — Suite des 37 figures et un frontispice de Geoffroy, in-8. Belles ép. toutes marges.

400 — Réunion de 82 figures au trait, françaises et anglaises.

401 — Réunion de 100 figures sur bois, françaises et anglaises, de différents formats.

402 — Réunion de portraits et vignettes françaises et anglaises. 32 p.

## STERNE

403 — Suite de 4 figures de Monsiau, pour le Voyage sentimental, gr. par Patas, Dambrun, etc., in-4. Très belles ép. avant la lettre.

404 — Réunion de 32 figures diverses, par Chodowicki, Marillier, Johannot, etc.

## SWIFT

405 — Suite de 4 figures de l'édition originale et 3 doubles.
— 4 figures de Marillier. — Suite des 3 figures de
Gessner. — 18 figures diverses sur bois, et. 1 br.
Voyage de Gulliver, éd. illustrée par Emy. Paris,
Marescq, 1855. — 33 p.

## LE TASSE

406 — Suite des 40 figures et un frontispice de Cochin,
in-4, pour la Jérusalem délivrée. Belles ép., grandes
marges.

407 — Réunion de 62 figures pour la Jérusalem délivrée,
in-8 et in-4, dont 2 de Cochin à l'état d'eau-forte et
2 avant la lettre, 7 de Gravelot, 13 d'Alexandre, avant
la lettre, etc.

408 — Suite des 20 figures et 1 portrait de Bernardo
Castelli, pour la Jérusalem délivrée, in-4. Belles épr.

409 — Suite des 3 figures de Bergeret et 1 portrait pour
la Jérusalem délivrée. 11 p. dont 4 avec la lettre,
5 avant lettre et 2 eaux-fortes.

410 — Suite des 20 figures et 1 frontispice de Le-
curieux, in-8, tirage à part.

411 — Suite des 20 figures et 1 portrait de Jules Adam
pour la Jérusalem délivrée, in-8, avant la lettre, dont
17 sur chine, toutes marges.

412 — Suite des 5 entêtes de Desenne, pour l'Aminte.
— Suite des 5 figures et 1 vignette de Desenne, avant
toutes lettres. — 2 épr. avant la lettre de la figure de
Roger, d'après Desenne. — Et 3 autres pièces par
Cochin et autres. Ensemble 16 pièces.

413 — Suite de 19 figures sur bois, anciennes et rares.
— 11 figures sur bois et un titre, pour Rinaldo,
provenant d'une édition de 1583. Ens. 31 p.

## LE TASSE

414 — 4 figures gr. in-fol. Renaud et Armide d'ap.
Picart, Tancrède blessé, Mort de Clorinde, etc. Belles
ép.

## TÉRENCE

415 — Suite de 150 figures sur bois, du xvi<sup>e</sup> siècle, in-8.
Belles ép.

416 — Suite des 7 figures de Gravelot, avant la lettre. —
1 figure d'Eisen et 1 portrait.

## TRESSAN (De)

417 — Suite de figures de Lefebvre, gr. par Godefroy,
pour Gérard de Nevers, Huon de Bordeaux, etc.
11 p. dont une à l'eau-forte pure et 4 avant la lettre.
— Vignettes diverses et portraits, d'ap. Chodowicki,
Desenne et autres. 29 p. Ens. 40 p.

## VIGNETTES DIVERSES

418 — Vignettes d'après Moreau, Marillier, Eisen, Lebarbier et autres, en grande partie du xviii<sup>e</sup> siècle.
71 pièces. ***Eaux-fortes pures.***

419 — Vignettes du xviii<sup>e</sup> siècle, tirées de différentes
suites, d'ap. Desrais, Marillier, Gravelot et autres,
108 p.; plusieurs sont avant la lettre et 14 à l'état
d'eaux-fortes.

420 — Vignettes diverses des xviii<sup>e</sup> et xix<sup>e</sup> siècles, in-12
et in-8. 65 p.; beaucoup sont avant la lettre.

421 — Vignette in-4, par Moreau le jeune, pour les
OEuvres de Delille, avant la lettre. — Autre in-8, par
Gaucher, à l'état d'eau-forte. — Suite de 10 figures
pour les Oraisons funèbres, in-8, à l'état d'eaux-fortes.
— Vignettes et gravures diverses. Ensemble 51 p.

## VIGNETTES DIVERSES

422 — Réunion de 100 figures d'Aug. St-Aubin, Bornet, Monsiau, Chaillou, etc., pour divers romans : plusieurs sont avant la lettre.

423 — Réunion de 78 vignettes et gravures modernes, un grand nombre avant la lettre.

424 — Réunion de 80 vignettes et gravures modernes diverses, la plupart avant la lettre.

425 — Vignettes diverses modernes, in-8 et in-12. 122 pièces avec et avant la lettre.

426 — Vignettes sur bois d'ap. Johannot, Bertall, Foulquier, G. Doré, etc. 85 p. en grande partie sur chine volant.

## VIRGILE

427 — Suite des 50 figures d'une édition de Nuremberg, in-4. Belles ép.

428 — Suite des 100 figures de Clein. Londres, 1653, petit in-fol. Belles ép.

429 — Suites de vignettes anciennes par Chauveau, Delamonce, Fourdrinier, Scotin, etc. 80 p.

430 — Suite des 17 figures et 1 portrait par Moreau et Zocchi, pour les Bucoliques et les Géorgiques, in-8. — Suite des 12 figures de Zocchi, pour l'Enéide. avant la lettre, marges in-4. Ens. 30 p.

431 — Suite des 15 figures de Zocchi et 1 portrait, in-8, avant la lettre. — La même suite avec la lettre. 32 pièces, toutes marges.

432 — Vignettes d'après Cochin, Moreau et Zocchi, in-8. 21 pièces dont 10 avant la lettre.

433 — Suite de 100 figures de Bartoli (Rome, 1782), d'après les Antiques de la Bibliothèque du Vatican, in-4. Belles ép. avant les numéros, toutes marges.

## VIRGILE

434 — Suite de figures in-8, d'après Gérard. 13 pièces
dont 2 à l'état d'eaux-fortes et 8 avant la lettre.

435 — Collection de 50 gravures tirées de l'Enéide, par
Sickler. Carlsruhe, 1827, in-12.

436 — Réunion de 35 figures de différents formats,
par Bartolozzi, Delignon, Tardieu, etc.; plusieurs
sont avant la lettre.

437 — Réunion de 7 gravures in-fol., d'après Coypel,
Boucher, Cipriani, Vleughels, etc.

## VOLTAIRE

438 — OEuvres. — 32 figures de la première suite de
Moreau, dont 7 avant la lettre.

439 — Suite de 12 figures de la première suite de Moreau,
dont 5 avant la lettre et 1 non terminée. — 20 figures
de la seconde suite de Moreau — et 80 figures
diverses des suites de Gravelot, Desenne, Devéria,
etc. Ensemble 112 pièces.

440 — Suite de 100 figures de la deuxième suite de
Moreau, in-8. Belles ép.

441 — Suite de 30 figures de la seconde suite de Moreau
pour les OEuvres — et 30 figures doubles. Ensemble
60 pièces, in-8.

442 — Suite de 60 figures de Gravelot, in-12. Belles ép.

443 — Suite de 33 figures (manque 1 pièce) de la suite
imitée de Gravelot. Bonnes ép.

444 — Suite des 80 figures de Desenne, in-8 avant la
lettre, plus 10 eaux-fortes pures. 1 figure des Romans
et 2 de la Pucelle sont avec la lettre (manque le
chant VI de la Pucelle). Ensemble 90 pièces.

445 — Suite des 100 figures de Devéria, Chasselat, Choquet, etc., in-8. Belles ép.

## VOLTAIRE

446 — Suite des 10 figures de de Troy et Vleughels et
1 frontispice in-8, pour la Henriade.

447 — 2 Suites de 10 figures, d'après de Troy et Vleughels, pour la Henriade. — 6 dessins à la sépia et 7
eaux-fortes de Devéria pour le Théâtre. — 107 figures
d'après Gravelot, Devéria, Chasselat, etc. — 70 figures
de Gravelot pour la Henriade, le Théâtre et la Pucelle.
80 figures d'Eisen pour la Henriade et le Théâtre.
Ensemble 290 pièces.

448 — Suite des 10 figures de Moreau pour la Henriade,
in-4. Belles ép., grandes marges.

449 — Suite des 10 figures et 1 frontispice d'Eisen, in-8,
pour la Henriade. Belles ép., sans marges. — Suite
des 10 vignettes, têtes de pages de la même édition,
par Eisen, tirées hors texte, toutes marges. Ensemble
20 pièces.

450 — 3 figures de Quéverdo, in-4, pour la Henriade.
Très belles ép., toutes marges.

451 — Suite de 10 figures de Devéria, Choquet, etc.,
pour la Henriade. — 4 vignettes de la même suite à
l'état d'eaux-fortes et 6 avant la lettre.

452 — Suite de 6 figures de Devéria, in-8, dont 5 à l'état
d'eaux-fortes. — Suite des 10 figures de Leprince,
in-12. Ensemble 16 pièces.

453 — Suite de 9 figures d'Horace Vernet, in-4, pour la
Henriade; 2 sont avant la lettre. — Suite des 10 figures
lithographiées, 1 frontispice et 2 portraits par Marlet.
Ensemble 22 pièces.

454 — Suite de 16 figures anciennes sans noms d'auteurs, pour la Pucelle, in-8. Rares.

## VOLTAIRE

455 — Suite complète de 2 fleurons et 1 figure anciens, pour la Pucelle, in-18, toutes marges. Rare.

456 — Suite des figures de Devéria, Chasselat, Choquet, etc., pour la Pucelle. 33 pièces dont 11 avec la lettre, 21 avant la lettre et 1 eau-forte.

457 — Suite de figures, d'après Moreau, Marillier et Monnet, pour les Romans et Contes, in-8. 58 pièces, bonnes ép., sans marges.

458 — Suite de 12 figures de Gravelot pour le Théâtre, in-12, toutes marges.

459 — Vignettes pour le Théâtre. 18 figures de la première suite de Moreau, avant la lettre. 4 de ces vignettes sont à plusieurs exemplaires.

460 — Suite des 16 figures d'Eisen, in-12, pour le Théâtre — et 4 pour la Henriade. Très belles ép., grandes marges.

461 — Suite de 7 figures de Devéria pour le Théâtre, avant la lettre. — La même suite et le portrait à l'état d'eaux-fortes. Ensemble 15 pièces, in-12, toutes marges.

462 — Suite de 44 figures, d'après Chasselat, Devéria, etc. 4 sont avant la lettre et 7 à l'état d'eaux-fortes.

463 — Réunion de portraits anciens et modernes pour les OEuvres de Voltaire. 27 pièces de différents formats, dont 1 dessin à la sépia, et une tête de Voltaire de grandeur naturelle, à la gouache.

## WALTER SCOTT

464 — 16 figures in-8 et in-4, gravées et lithographiées d'après E. Delacroix, H. Lecomte, Devéria et autres.

# DESSINS

## ORIGINAUX DE VIGNETTES

---

465 AUBERT. Douze feuilles contenant soixante et un
portraits et douze sujets en bas, in-8, à la sépia et à
l'encre de Chine, pour l'Histoire de France.

466 BAUDET-BAUDERVAL. Collection de **124 Dessins
originaux** pour les ***Contes de La Fontaine***,
in-8, à l'encre de Chine, aux crayons de couleur et
à l'aquarelle.

467 — Portrait-frontispice au lavis et crayons de couleur.
Très joli dessin in-8.

468 — Trois dessins, sujets gracieux, in-4, à l'aquarelle.

469 BERGERET. Soixante-douze très jolies vignettes in-8.
dessinées à la sépia, pour l'*Histoire Universelle*.

470 — Dix très jolis dessins in-8, à la sépia, **pour un**
Roman.

471 — 105 dessins à la sépia, in-8, pour divers Romans
et Histoires pour la jeunesse.

472 BORNET. **Vignettes pour divers Romans.** 15 dessins in-8 à l'encre de Chine et à la sépia ; plusieurs
sont signés.

473 BOUCHARDON (Attribué à). Mercure et Neptune.
Naïades. Deux jolis dessins lavés d'encre et de
sépia.

474 BOUCHER (Attribué à). Vénus et l'Amour sur un
lit. — Baigneuse regardant deux colombes. 3 pièces
à la sanguine et à la pierre noire.

475 BOUCHER (Attribué à). Vénus couchée, 2 sujets différents. — Galathée. 3 dessins à la sanguine.

476 CARRACHE (Aug.), Mercure et Apollon. Dessin à la
sanguine.

477 CAZES fils. Céphise et Eryope. Beau dessin à la
plume. Signé.

478 CHALLIOU. Suite de 16 vignettes in-8 pour un
Roman. Très jolis dessins à l'encre de Chine.

479 — Suite de 25 figures à l'encre de Chine, in-8, pour
divers Romans.

480 CHASSELAT. Suite de 11 dessins originaux in-8, à la
sépia, pour les Contemporaines : La jolie Marchande
de modes, la belle Patissière, etc.

481 — 36 dessins à la sépia, in-8 et in-12, pour divers
Romans.

482 — Sujets de Romans. 10 très jolis dessins in-8, à la
sépia.

483 CHASSELAT et autres. Dessins à la sépia pour des
Histoires pour la jeunesse. 46 jolis dessins sur 18
feuilles, in-12 et in-8.

484 CHASSELAT, DEVILLIERS, etc. 10 dessins in-8 à la
sépia et à l'encre de Chine pour Romans de Che-
valerie et autres.

485 CHOQUET. 6 dessins sépia et encre de Chine, in-8,
pour l'Histoire de France.

486 — Romans divers. 12 jolis dessins in-8 à l'encre de
Chine.

487 CHOQUET, BERGERET, etc. Vignettes pour l'Histoire de Napoléon I<sup>er</sup>. 7 dessins in-8 à l'encre de
Chine et à la mine de plomb.

488 COMPTE-CALIX. 2 dessins à l'aquarelle pour Paul
et Virginie, in-4.

489 CORTONE (Pietre de). Enée portant Anchise. Très
beau dessin à la sanguine.

490 DEVÉRIA. Le Lever. — Le Coucher. 2 beaux dessins à la sépia.

491 DEVILLIERS, DELVAUX, etc. Vignettes diverses. 10 dessins à la sépia, in-8.

492 DIAMANTINI. Jupiter et Léda. Dessin à la sanguine lavé d'encre.

493 DIVERS. Académies de femmes. 9 dessins au crayon noir.

494 — Alexandre et Diogène, etc. 4 beaux dessins à la sépia, in-fol.

495 — Les Cyclopes forgeant les foudres de Jupiter, à la pierre noire. — Guerriers romains tirant de l'arc, dessin en camaïeu. — Paysage avec figures, à la sépia. 3 pièces.

496 — Ecce Homo — Mater dolorosa — et Descente de croix. Signés : F. Dubois, Rome 1823. 3 dessins.

497 — Les Mansardes. — Les Couturières. 9 petits dessins à l'encre de Chine.

498 — Sujets gracieux, à la mine de plomb, à la sépia et à l'aquarelle. 8 pièces.

499 — Sujets gracieux. 2 dessins in-8 aux trois crayons. signés A. P.

500 — Mythologie. 4 dessins in-4 à l'encre de Chine.

501 — Sujets mythologiques. 30 dessins à l'encre de Chine, à la sépia et à la mine de plomb.

502 — Portraits du duc de Guise, du duc de Chevreuse, de l'abbé Colbert et autres. 10 jolis dessins à l'aquarelle, à la sépia et à la mine de plomb.

503 — La Branche d'immortelles, portraits de Napoléon Ier, Marie-Louise et le roi de Rome. — Le duc de Berry. — Portrait de femme. 3 dessins in-8 à l'encre de Chine, à la sépia et à la mine de plomb

504 — Dessins et croquis divers à la plume, à la pierre noire et à l'aquarelle. 16 pièces.

505 DIVERS. Frontispices, titres, vignettes et fleurons
divers. 28 dessins à la sépia et à l'encre de Chine.

506 — Suite de dessins pour illustrer une Histoire de
France. 26 feuilles contenant 110 portraits des Rois
et Reines de France, in-8, à la sépia.

507 — Suite de six sujets à la mine de plomb, in-8 — et
trois autres, sépia et encre de Chine, pour l'Histoire
de France. 9 pièces.

508 — Histoires pour la jeunesse, Romans, etc. 114 dessins in-8 à la sépia.

509 — Vingt dessins de vignettes in-8 pour des Romans
et Histoires pour la jeunesse, à la sépia et à l'encre
de Chine.

510 — Dessins pour des Livres d'enfants. 18 vignettes
in-18, contenant 29 sujets, à l'encre de Chine et à la
mine de plomb.

511 — Suites de dessins, à la mine de plomb, pour des
Livres d'enfants. In-8. 34 pièces.

512 — Histoires pour la jeunesse. Deux suites de dessins in-8 à la sépia et à l'encre de Chine. 21 pièces.

513 — Dessins originaux pour des Histoires pour la
jeunesse, par Maurin. Aubert. Massard et autres.
35 dessins sur 27 feuilles, in-8 et in-12, à la sépia et
à l'encre de Chine.

514 — Suite de 10 petits sujets pour l'Histoire des
naufrages. dessinés à l'encre de Chine sur 2 feuilles
— et 9 vignettes à la sépia pour une Histoire des
Voyages.

515 — 22 dessins à la sépia et à l'encre de Chine pour
une Histoire des Voyages, in-8.

516 — 6 dessins pour Psyché et Adonis et 1 pour les
Contes. 7 pièces à la sépia et à l'encre de Chine.

517 — Ecole française du xviiie siècle. Les Deux Amis. Le
Villageois qui cherche son veau (Contes de La Fontaine). 2 jolis dessins à la sanguine et à la pierre noire.

518 DIVERS. Un dessin à la plume, in-32, pour les Contes.
— L'Amour et Psyché, d'après Picot, dessin à la
sépia, in-4. — Le Jugement de Pâris, in-8, à l'encre
de Chine, et 3 gravures et lithographies. 6 pièces.

519 — Suite de 6 dessins originaux pour le Nouveau
Testament, in-8, à la sépia.

520 — Suite de dessins pour l'Enéide. 11 dessins in-4.
lavés de carmin, plus un grand dessin attribué à
Girodet.

521 — Un dessin de Moreau le jeune pour la Henriade
de Voltaire, in-8, à la pierre noire.

522 — 28 dessins in-8 à la sépia, à l'encre de Chine et à
la mine de plomb, pour différents ouvrages.

523 FRAGONARD (Attribué à). Léda. Beau dessin à
l'aquarelle.

524 HUOT (F.). Sujets de Romans et autres. 18 dessins
in-8 à l'encre de Chine, très finis.

525 ISABEY (E.). Panorama de Toulon. — Panorama
de la côte d'Alger. 2 dessins à la mine de plomb en
plusieurs feuilles. Signés E. Isabey, 1830.

526 JOUVENET. La Matrone d'Ephèse, Conte de La
Fontaine. Joli dessin à la sanguine, in-fol.

527 LA RUE. Offrande au dieu Pan. Très beau dessin
à la plume lavé d'encre.

528 — Silène renversé. — Bacchus sur un éléphant,
2 dessins lavés de sépia et d'aquarelle.

529 LE BARBIER, DEVILLIERS, etc. Suite de 40 dessins à l'encre de Chine, in-8. Vie des Saints et sujets
religieux.

530 LECERF. Suite de 9 dessins originaux pour des
Romans, in-8, à la sépia. Signés et datés 1819.

531 MONNET (C.). Dessins pour l'Emploi du temps,
Fables, Romans, etc. 36 pièces in-18 et in-8. Très
jolis dessins à l'encre de chine et à la sépia.

532 PATER. Le Lion amoureux. Joli dessin à la sanguine.

533 PRUDHON (Attribué à). Dessin à la pierre noire
rehaussé de blanc, pour Paul et Virginie, in-4.

534 QUÉVERDO. 2 dessins de vignettes, à l'encre de
Chine, in-8. Signés.

535 WATTEAU (Attribué à). Le Calendrier des Vieillards (Conte de La Fontaine). Joli dessin à la sanguine, in-4.

# LIVRES A FIGURES

536 — Alphabets. — Suite de 40 figures lithographiées
par Victor Adam. — Album de 26 figures sur bois,
par Wattier.

537 — Roland furieux, poëme héroïque de l'Arioste,
traduction nouvelle par M. d'Ussieux. *Paris, Brunet,*
1776, 4 vol. pet. in-4, dem.-rel. bas. 92 fig. de
Cochin et Moreau et un portrait.

538 — Les Beaux-Arts. *Paris, Dentu,* 1875-78; in-fol. en
livraisons. — 173 figures gravées d'après les maîtres
anciens et modernes, la plupart avant la lettre.
(Exemplaire de souscription).

539 — Paul et Virginie, par J.-B. Henri de Saint-Pierre.
*Londres,* 1793; 1 vol. in-18 n. rog., fig. — A la suite :
Paul et Virginie, comédie en 3 actes, en prose,
mêlée de chants, représentée par les comédiens ita-
liens, le 15 janvier 1791. Rare.

540 — Paul et Virginie, par Bernardin de Saint-Pierre, illustré de 100 vign. par Bertall. *Paris, G. Havard.* 1845 ; 1 vol. in-16, br.

541 — Paul et Virginie, par Bernardin de Saint-Pierre, suivi de la Chaumière indienne, Voyage à l'Ile-de-France, etc. *Paris, Lehuby,* 1850 ; 1 vol. petit in-8, br., 9 fig.

542 — L'ingénieux chevalier Don Quichotte de la Manche, par Michel Cervantes. *Paris, Furne Jouvet,* s. d. 1 vol. gr. in-8, dem.-rel. bas., 100 fig.

543 — OEuvres de Dante Alighieri, traduction nouvelle par Sébastien Rhéal, illustrations par Antoine Etex. *Paris, Bry,* 1854 ; 1 vol. in-4, br., n. rog., fig.

544 — Les Aventures de Télémaque, fils d'Ulysse, par M. de Fénelon. *Paris, Imprimerie de Monsieur,* 1790 ; 2 vol. gr. in-8, déreliés, non rog. Exempl. en gr. pap. de Hollande, portrait avant la lettre.

545 — Fables de Florian, illustrées par Victor Adam, précédées d'une notice par Ch. Nodier. *Paris, Houdaille,* 1 vol. gr. in-8, br., n. rog., 111 figures et vignettes.

546 — Goëthe. — Suite des 26 figures de Retzch, en un album in-12.

547 — Contes nocturnes. — Contes mystérieux. — Contes des frères Sérapion, d'Hoffmann, traduction de la Bédollière, illustrés par Foulquier. *Paris, Barba* ; 3 broch. in-4.

548 — L'Iliade, poëme avec un discours sur Homère, par M. de la Motte, de l'Académie française. *Paris, Dupuis,* 1714 ; 1 vol. in-8, rel. anc., 12 figures et un frontispice.

549 — La Légende du Juif-Errant. 12 compositions et dessins de Gustave Doré, avec prologue et épilogue par Pierre Dupont. *Paris,* 1862 ; in-fol. en feuilles.

550 — OEuvres de La Fontaine, Supplément, Contes et
Nouvelles attribuées. *Paris. Lefèvre* et *Nepveu;*
1 vol. gr. in-8, gr. papier vélin, br., non coupé.

551 — Fables de La Fontaine, édition en taille-douce.
*Paris, Lecointe* et *Pougin,* 1834; in-4, en feuilles,
orné de 190 fig.

552 — Fables de La Fontaine, nouvelle édition dans la-
quelle on aperçoit d'un coup d'œil la moralité de la
fable. *Paris, Le Bailly,* 1841; 1 vol. in-18, br,, non
rog., 189 fig. sur bois.

553 — Fables de La Fontaine, nouvelle édition illustrée
par MM. Pauquet et Henry Emy, gravures par les
premiers artistes. *Paris, Delarue;* 2 vol. in-12, en
feuilles, figures.

554 — Fables de La Fontaine, choisies pour les enfants,
par Elisabeth Müller. *Paris, Bédelet ;* 1 vol. in-8,
br., n. c., fig.

555 — Fables de La Fontaine, illustrées de 100 gravures
sur bois, par Gavarni, E. Vattier, E. Bataille, etc., et
10 lithographies. *Paris,* 1851 ; 1 vol. in-8, en feuilles.

556 — OEuvres complètes de La Fontaine, réimprimées
d'après les meilleurs textes, sous la direction de
Louis Barré. *Paris, J. Bry,* 1856; 2 vol. in-8, br.,
n. rog., 32 fig.

557 — Fables de La Fontaine, illustrées de 120 gravures,
par Desandré et Freemann, avec des notes. *Paris,
Bernardin Béchet,* 1869; 1 vol. in-12, br., n. c.

558 — Fables de La Fontaine avec des notes, par ma-
dame Amable Tastu, illustrées de 20 grands dessins
par Bouchot, 7e éd. *Paris. Ducrocq ;* 1 vol. in-8, br.,
non coupé.

559 — Les Amours de Psyché et de Cupidon, précédés
du poëme d'Adonis, par La Fontaine. *Paris, Coiny ;*
2 tomes en 1 vol. in-18, br., n. rog., 8 fig. de Moreau
et 1 portrait.

**569** — Choix de Métamorphoses, gravé d'après différents
maîtres, par Huet l'aîné, 1ʳᵉ suite de 50 planches.
*Paris, Marcilly*, 1801 ; 1 vol. in-12, obl., cart.

570 — Métamorphoses d'Ovide, ornées de gravures
d'ap. Sébastien Leclerc, avec texte explicatif. *Paris*,
1801 ; 2ᵉ partie, 1 vol. in-8, br., obl., 75 fig.

571 — La Mythologie mise à la portée de tout le monde.
*Paris, imprimerie Didot*, s. d., 12 vol. in-18, rel.
veau éc., tr. dor., avec 89 fig. en couleur.

572 — Le Temple des Muses, orné de 60 tableaux, dessinés et gravés par B. Picart le **Romain** et **autres
habiles maîtres**. *Amsterdam, chez Zacharie Chate-
lain*, 1732 ; 1 vol. in-fol., rel. v. marb., fil., tr. dor.,
1ʳᵉ édition.

573 — Paris à l'eau-forte, journal hebdomadaire d'ac-
tualités. *Paris*, 1873-1876 ; 10 vol. gr. in-8, en livraisons, non coupés. — Les 3 premiers volumes ren-
ferment 223 figures. — Les 7 autres contiennent
246 figures hors texte, sur grand papier de Hollande,
avant la lettre.

574 — Les Contes de Perrault, illustrés par Gustave
Doré, 40 compositions hors texte, avec une introduc-
tion par Stahl. *Paris, Hetzel*, 1868 ; 1 vol. gr. in-4
en feuilles.

575 — Les Tableaux de Philostrate, 1 vol. in-fol. dérelié
(manque le titre), contenant 65 belles figures de
Thomas de Leu, L. Gaultier, Jaspar Isaac, etc.

576 — Vies des Hommes illustres de Plutarque, en alle-
mand. *Francfort-sur-le-Mein*, 1580 ; 1 vol. in-fol.,
cart., nombreuses figures sur bois dans le texte.

577 — Julie ou la Nouvelle-Héloïse, par J.-J. Rousseau,
vignettes par Tony Johannot, Em. Wattier, etc.
*Paris, Barbier*, 1845 ; 2 vol. gr. in-8, br., n. rog.,
38 figures hors texte, avant la lettre, sur chine.

**578** — Schiller. Suite des 16 figures au trait pour le chevalier de Rhodes, et des 8 figures pour Fridolin, d'après les dessins de Retzch. Album in-12 oblong, cartonné.

**579** — Galerie des Femmes de Shakespeare, collection de 45 portraits gravés par les premiers artistes de Londres, enrichie de notices critiques et littéraires. *Paris, Fellens;* 1 vol. gr. in-8, cart., tr. dor.

**580** — Gulliver's Travels into several remote regions of the World, by Dean Swift, illustré par T. Morten. *Londres, Cassel, Petter* et *Galpin;* 1 vol. in-4, en livraisons, contenant 165 figures.

**581** — L'Eneide di Virgilio del commandatore Annibal Caro. *In Padoa, Tozzi.* 1608; 1 vol. in-8 à 2 colonnes, cartonné, 12 fig. et frontispice.

**582** — Suite des 68 figures gravées par Dominique Florillo. *Londres,* 1812, d'après l'édition publiée en 1793. Ép. du 1ᵉʳ tirage, gr. papier. 1 album in-4.

**583** — Le Moucheron, compositions autographiées par S.-L.-G. Norblin, d'après la traduction en vers français de M. le marquis de Valori. *Paris,* 1860; 1 vol. in-fol., en feuilles. 30 fig. et 1 frontispice.

# ESTAMPES

## ÉCOLES DU XVIIIᵉ SIÈCLE ET MODERNES

**584 Allais** et autres. Baigneuses, d'après Rioult. 2 pièces dont une avant la lettre. — Le Bain, d'après Picou. — Femme couchée de Lefebvre. avant la lettre. 4 pièces.

585 **Aubry Lecomte**. Psyché et l'Amour, d'après Gérard. — Le Fleuve Scamandre, d'après Girodet, avant la lettre. 2 pièces lithographiées. Très belles ép.

586 **Audouin**. Vénus blessée, d'après Raphaël. Très belle ép.

587 **Bartolozzi**. Sorrows of Werter, d'après Ramberg. 2 pièces. Très belles ép. en couleur.

588 — Monsieur Thornhill persuade à Olive de s'échapper avec lui. — Le docteur Primrose trouve sa fille en détresse, d'après Ramberg. 2 pièces rondes en couleur, toutes marges.

589 — Venus sleeping, d'après Carrache. Très belle ép. en bistre, grandes marges.

590 **Bartolozzi** et **Rainaldi**. La Mort de Didon. — Céphale et Procris. 2 pièces avant la lettre.

591 **Bartolozzi** et **Ryland**. Le Jugement de Pâris, d'après Ang. Kaufmann. — L'Amour et l'Amitié. 2 pièces avant la lettre, en rouge et en bistre.

592 **Baudouin**. Les Amants surpris, par Choffard. Belle ép.

593 — La même estampe par Harleston. Belle ép. — Autre réduction in-4. 2 p.

594 — L'Amour à l'épreuve. — L'Amour frivole, par Beauvarlet. 2 pièces. Belles ép. remargées.

595 — Les Amours champêtres, par Choffard. Belle ép.

596 — La même estampe, par Harleston. Belle ép.

597 — Le Catéchisme, gravé par Moitte. Très belle ép.

598 — Le Fruit de l'amour secret, par Voyez Junior. Très belle ép.

599 — Le Matin. — Le Soir, par de Ghendt. 2 pièces. Très belles ép.

600 — Le Midi, ép. sans marges. — Sujets gracieux, d'après Girodet, au trait. — Mars et Vénus. — Erigone. 9 pièces.

601 **Baudouin**. Le Modèle honnête, par J. M. Moreau le jeune. Belle ép.

602 — La Sentinelle en défaut, par N. de Launay. Très belle ép., marges.

603 — Les Soins tardifs, par N. de Launay. Très belle ép., marges.

604 **Beauvarlet**. Les Enfants de M. de Béthune. — Les Enfants du roi de Sardaigne, d'après Drouais. Belles ép. remargées.

605 — Vénus et Adonis, d'après l'Orbetto. Très belle ép. toute marge.

606 — J.-B. Poquelin de Molière, d'après S. Bourdon. Très belle ép. grandes marges.

607 **Beauvarlet** et **Fessard**. Tancrède secouru par Herminie, d'après Lagrénée. — Herminie cachée sous les armes de Clorinde, d'après Pierre. 2 pièces. Très belles ép.

608 **Beljambe**. L'Amour s'endormant sur le sein de Psyché, d'après J.-B. Regnault. Très belle ép. toutes marges.

609 **Bervic**. L'enlévement de Déjanire, d'ap. Le Guide. — L'Éducation d'Achille, d'après J.-B. Regnault. 2 pièces. Très belles ép.

610 **Blanchard** et autres. Triomphe de Galathée, d'après le Dominiquin. — Salmacis et Hermaphrodite, d'après l'Albane, avant la lettre. — Bacchanale avant la lettre. 4 p.

611 — Daphnis et Chloé, d'après Albrier, avant la lettre. — L'Éducation de l'Amour, d'après Romanelli. — Canadiens au tombeau de leur enfant. — Jupiter et Léda, par Bartolozzi. 4 pièces.

612 **Boilly** (L.). L'Amant poète, par Levilly. Belle ép.

613 — Ça ira, par Mathias. Belle ép.

614 — La Comparaison des petits pieds. — L'Amant favorisé, par Chaponnier. 2 p.

615 **Boilly** (L.). La Crainte mal fondée, par Allais. Belle
ép. en couleur.

616 — La Jarretière. — La Jardinière, par Tresca.
2 pièces dont une en bistre, toutes marges.

617 — Le Nid de fauvette, gravé par Monsaldi. Très
belle ép. en couleur, toutes marges.

618 — On la tire aujourd'hui, par Tresca. Belle ép.
avant la lettre.

619 — Poussez ferme. — Ah! qu'il est sot. 2 pièces.
Belles ép.

620 — Prélude de Nina, par Chaponnier. Très belle ép.

621 — La même estampe, remargée.

622 **Bonnet**. L'Après midi, d'après Challe. Très belle
ép. en couleur, collée.

623 — La Jarretière. Très belle ép. en couleur, toutes
marges.

624 — Vénus au bain, d'après Beaufort. Très belle ép.
en couleur, toutes marges.

625 — Vertumne et Pomone, d'après Le Moine. Belle
ép. à la sanguine.

626 **Borel**. L'Abandon voluptueux, par Dennel.
Belle ép.

627 — L'Indiscret, par Dequevauviller. — La Correction
inutile, par François. 2 pièces.

628 **Boucher** (D'ap.). Jupiter et Danaé, par Bonnet. Belle
ép. en couleur.

629 — Mercure instruisant l'Amour. — Vénus enivrant
l'Amour, gravé par Mme Dupont. 2 pièces en couleur.
Très belles ép.

630 — Vénus couchée, fac-similé d'un dessin aux crayons
de couleur, par Demarteau. Très belle ép.

631 — Le Calendrier des Vieillards, Conte de La Fontaine,
par de Larmessin. Très belle ép.

632 — Le Fleuve Scamandre, par Larmessin. Belle ép.

633 **Boucher** (D'ap.). Le Magnifique, par de Larmessin. Très belle ép. remargée à claire-voie.

634 **Boucher, Regnault**, etc. Les Bacchantes endormies. — Jupiter et Calisto, par Blot. — Le Devin de village. — L'Essai du corset. 5 pièces.

635 **Callot** (Par et d'après). La Passion. — Le Nouveau Testament. — Le Martyre des douze apôtres. 46 pièces.

636 **Canu.** Céladon et Célie. Belle ép. en couleur.

637 — Céladon et Célie, pièce ronde. — Le Repentir, d'après Greuze. 2 pièces en couleur.

638 **Caresme.** Les Plaisirs des Bacchantes, par Jubier. — Les Plaisirs bachiques, par Bonnet. 2 pièces en couleur. Belles ép.

639 — Le Réveil du Carlin, par Carrée. Belle ép.

640 — Le Satyre impatient, par Anselin. Belle ép.

641 **Carey**. Le Mercredi des Cendres, d'après Stevens. Belle ép.

642 **Carmontelle** (de). La malheureuse Famille Calas, par Delafosse. Très belle ép.

643 **Cazenave.** La Volupté, d'après Regnault. Très belle ép. grandes marges.

644 **Cazenave** et **Chaponnier**. Psyché abandonnée. Très belle ép. en couleur.

645 **Challe**. Finissez, par Marchand. Belle ép.

646 — La Mort d'Hercule, par J.-B. Michel. — Milon de Crotone, avant toutes lettres. 2 pièces. Très belles ép. toutes marges.

647 **Chaplin**. L'Aurore. — Les Colombes. — Le Boudoir. — Les Souliers de bal. — L'Oiseau envolé. 5 pièces lithographiées par E. Lassalle, Bargue et Durand. Belles ép.

648 — Le premier Baiser. — Le Bain. — Le Lever. — Salmacis. — Les Premières Roses. 5 pièces lithographiées, plus 4 photographies. Ensemble 9 pièces.

649 **Chaponnier**. Le Modèle disposé, d'après Schall. Très belle ép.

650 **Chapuy** (J.-B.). La Comparaison. Belle ép. en couleur.

651 **Chatillon**. Endymion, d'après Girodet. Très belle ép. avant le nuage,

652 **Civil** (à Paris chez). La Vertu irrésolue. — Comparaison du bouton de rose. 2 pièces imprimées en bistre, belles ép.

653 **Cipriani**. Jupiter and Sémélé, gravé par Heath. Belle ép. et 8 autres sujets de l'Ecole anglaise. 9 pièces.

654 **Colibert**. La Beauté rend les armes à l'Amour victorieux. — L'Innocence embrassant la Sagesse, d'après Boizot. 2 pièces en couleur, grandes marges.

655 **Copia**. Le premier Baiser de l'Amour, d'après Mallet. Très belle ép. avant la lettre.

656 **Corrège** (Le). L'Amour désarmé, par C. Guérin. Belle ép.

657 **Coypel**. L'Amour réfugié dans la maison d'Anacréon, par Desplaces. Belle ép.

658 — Suite de 4 gravures in-fol., par Poilly, Duchange et Desplaces, sujets de l'Enéide. Très belles ép.

659 **Daullé** et **Surugue**. Salmacis et Hermaphrodite, d'après de Troy. — Persée délivre Andromède, d'après Coypel. 2 pièces.

660 **Debucourt**. Berceau de Paul et Virginie. — Les Premiers pas de Paul et Virginie. — Bienfaisance de Virginie. 3 pièces. Belles ép. grandes marges.

661 **Delaulne** (Etienne). Les 12 Mois. Belles ép. — Autre suite ancienne. Ensemble 24 pièces.

662 **De Launay** (N.). Angélique et Médor, d'après Raoux. Très belle ép.

663 **Demouchy**. L'heureux tête-à-tête. — Le repos agréable. 2 pièces.

664 **Dennel**. L'Attention dangereuse, d'après Boucher. — La Vertu irrésolue, d'après L. E. Vigée. — Comparaison du bouton de rose, d'après G. de Saint Aubin. — L'Abandon voluptueux, d'après Borel. 4 pièces.

665 — L'Essai du corset. — Dédicace d'un poëme épique, d'après P.-A. Wille. 2 pièces. Belles ép.

666 **Descourtis**. Suite de 6 gravures en couleur, d'après Shall. Très belles ép.

667 **Desnoyers. Ingouf**, etc. Dédale et Icare. — Le Déluge. — La Famille affligée, d'après Léop. Robert, avant la lettre. 3 pièces.

668 **Desnoyers**, **Massard**, etc. Figures d'après l'antique, in-fol. 28 pièces. Très belles ép., toutes marges.

669 **Desrais** et **Leclerc**. Le Baiser deviné. — Le Jeu de l'Escarpolette. — Les Baigneuses. — Le Fossé du scrupule. — La Chute favorable. — La Courte-paille, gravées par Deny. 6 pièces coloriées du temps.

670 **Devéria**. Lord Byron et la Comtesse Guiccioli. — Marie Stuart et David Rizzio. — Françoise de Rimini et Paolo, etc. 11 belles lithographies.

671 — Le Corset. — La Nuit des Noces. — La Fornarina. — Le Tasse et Eléonore d'Este, etc. 19 pièces lithographiées.

672 — Les Croisées. — Époque François I$^{er}$. — L'Orgueil, etc. 11 pièces. — Sujets gracieux coloriés. 9 pièces. — Ensemble 20 pièces lithographiées.

673 — Mars et Vénus. — Philippe le Bon et sa maîtresse, etc. 9 lithographies coloriées.

674 — Les quatres saisons. — Têtes de femmes. — Vignettes et sujets divers. 50 pièces lithographiées.

675 **Devéria**. Le Signal. — Sujets de genre, costumes. 16 pièces lithographiées dont 3 coloriées.

676 — Les deux Sœurs de charité. — Les 4 Sergents de La Rochelle et sujets divers lithographiés. 14 pièces.

677 — La Sortie du bain. — Le Bal masqué. — Longchamps. — Vénitiens. — Jane Gray etc. 21 belles lithographies.

678 — Nouveaux Travestissements. — Le Goût nouveau. 23 pièces lithographiées.

679 — Sujets de genre. — Sujets gracieux. 23 pièces lithographiées et 2 gravures in-fol. à l'état d'eaux fortes.

680 — Sujets de genre lithographiés. 23 pièces.

681 — Sujets gracieux lithographiés. — **Pièces tirées du** journal l'*Artiste*. 44 pièces.

682 — Études de figures, costumes et sujets divers. 16 pièces lithographiées.

683 — Portraits de Lamartine, Victor Hugo et Alexandre Dumas. — Autre, par Moynet. 4 pièces.

684 **Diétricy**. Le Satyre et le Villageois, par Maleuvre. Très belle ép.

685 — Le même sujet, in-4. Très belle ép.

686 **Doré** (G.). Album de Gustave Doré. 8 pièces lithographiées. Belles ép.

687 **Durer** (Par et d'après). Les Effets de la jalousie. — La Mélancolie. — Le Chevalier de la Mort et autres. 6 pièces.

688 **Dutailly**. L'Imitation de l'antique, par M$^{me}$ Lingée. Jolie ép. en couleur.

689 **Earlom**. Jacob burying Labans Images, d'après Séb. Bourdon. Belle ép.

690 — Fac-simile de dessins, d'après Cipriani. — Autres, d'après Boucher. 11 pièces imprimées en couleurs.

691 **École anglaise**. Bacchantes. 4 pièces gravées par
A. Zéchin, d'après Lavinia, comtesse Spencer, toutes
marges. Très rares.

692 — Sujet tiré des Mille et une nuits. Belle ép, en
couleur.

693 — Portrait de M^{me} Chevallier dans le rôle de Virginie.
Très belle ép. avant toutes lettres.

694 **École française**. Le Baiser, 2 médaillons ronds,
avant toutes lettres. — Vénus au bain — et autres
sujets gracieux, 14 pièces en couleur.

695 — Le Coucher, d'après Van Loo. — Le doux Réveil.
— Les Sentinelles en défaut. — Vous avez la clef
mais il a trouvé la serrure. — Baigneuses, etc.
14 pièces en couleur et coloriées.

696 — Le Déjeuner du modèle. — Le Moment délicieux.
— La Bascule, etc. 11 pièces.

697 — Le double engagement. — La triple ivresse.
2 pièces. Belles ép.

698 — L'Instant de la gaieté. — La Réflexion tardive.
La Perte irréparable. — La Chambrière instruite.
4 pièces publiées à Londres par Sayer, toutes
marges..

699 — Les mêmes sujets. 4 pièces.

700 — Io, par Chaponnier. — Hébé, par Cunégo. — Mars
et Vénus. d'après Vouet, etc. 6 pièces.

701 — Jupiter et Io. — Jupiter et Calisto. — Les Grâces.
etc. 13 pièces. d'après Coypel. Regnault. Lesueur.
Van Loo, etc.

702 — La mort de Didon. d'après Challe. — Charlotte et
Werther, par Ruotte. en couleur. — L'Épouse indis-
crète, etc. 5 pièces.

703 — Quos Ego. — Danaé. 2 pièces. Très belles ép.,
avant toutes lettres.

704 — Sujets mythologiques, d'après les maîtres des
Écoles française et italienne. **23 pièces.**

705 **École française**. La Perte irréparable. — La Réflexion tardive. 2 pièces coloriées.

706 — La belle Source, d'après Nattier. — 2 grands frontispices et sujets divers. 6 pièces.

707 — Petits sujets gracieux dits Tabatières. 21 pièces.

708 — Petits sujets dits tabatières, vignettes et frontispices, d'après Watteau, Quéverdo, B. Picart et autres. 63 pièces.

709 — Petits sujets dits tabatières. — Statues en pied. — Dieux et Déesses. — Gravures de saint Non. — Sujets mythologiques de Pérelle et Mariette. 100 pièces.

710 **Eisen** père et **Peters**. L'Attente du moment, par Halbou. — L'Amour maternel, par Chevillet. 2 pièces.

711 **Eisen** (D'après). L'Observateur trompé. — Le Villageois indiscret. 2 pièces ovales, en couleur.

712 **Fiquet**. Joliot de Crébillon, d'après Aved. — Autre par Duflos. — Autre chez Petit. 3 pièces.

713 — J.-B. Rousseau, d'après Aved. Très belle ép.

714 **Forster**. L'Aurore et Céphale, d'après Guérin. Belle ép.

715 **Fragonard** (H.). Le Baiser, par Marchand. Belle ép. remargée.

716 — La Chemise enlevée, par Guersant. Très belle ép.

717 — La Faible résistance ou le Verrou. — Suite du Verrou. 2 pièces gravées par Le Beau. Belles ép.

718 — Fontaine d'Amour. — Serment d'Amour, gravé. par Audebert. Très belles ép. en couleur, grandes marges.

719 — La Gimblette. — Par eux l'amour l'éclaire. 2 pièces.

720 — Ma chemise brûle, par Aug. Legrand. Très belle ép. en couleur, marges.

737 **Gravures anciennes**. La Gayeté sans embarras, gravé par Levasseur. — Henri IV et Gabrielle, avant la lettre. — Sainte Famille, avant la lettre, etc. 6 pièces.

738 — Sujets mythologiques, d'après Coypel, Lemoine, de Troy, Vien, etc. 21 pièces. Belles ép.

739 — Sujets mythologiques. — Bacchanale, avant toutes lettres. — Céphale et Procris, d'après Lahyre. — L'Air, d'après Bouchardon, etc. 10 pièces.

740 — d'après Nattier, de Troy, Coypel, Ang. Kauffmann, Carrache, etc. 14 pièces.

741 — Sujets mythologiques tirés de la galerie de Florence. 15 pièces. Belles ép.

742 — Sujets mythologiques et Statues, d'après Prudhon, Girodet, Baudry, Glaize, Baron, etc. 28 pièces.

743 **Gravures modernes**. Les Artistes vivants. 11 sujets, d'après Lehmann, Chaplin, Picou, Glaize, etc., avant la lettre.

744 — Lithographies et eaux-fortes, d'après Géricault, Baron, de Rochebrune, etc. 17 pièces.

745 — et vignettes diverses, par et d'après Ém. Wattier, Pastelot, Léop. Flameng, etc. 20 pièces avec et avant la lettre.

746 — Gravures publiées par le journal l'*Artiste*. 8 pièces, par L. Flameng, Greux, Carey, etc.

747 **Green** (V.). Léda, d'après Willison. Très belle ép. avant la lettre.

748 **Greuze**. La mère de famille, par Laurent Cars. Belle ép.

749 — La Paresseuse, par Moitte. Belle ép., remargée.

750 — Le Repentir, par le même. Ép. imprimée en couleur.

751 **Hilair** (J. B.). L'Esclave heureux, par J. Mathieu. Belle ép.

765 **Huet, Monnet, Cipriani**, etc., Nymphes et Satyres.
— Le Repos de l'Amour. — Nymphe endormie et
Satyre, ép. coloriée, avant la draperie. — Vénus
au bain. — La Musique etc., 21 p. en couleur.

766 **Huot**. La Cigale d'après J. Lefebvre. Belle ép.

767 **Janinet**, Hébé. — Le Sommeil de Diane, d'après
Lebarbier. 2 pièces en couleur, belles ép.

768 **Jeaurat**. La Femme noyée, fable de La Fontaine, in-4. Très belle ép.

769 — La Montagne qui accouche, fable de La Fontaine,
in-4. Très belle ép.

770 **Jordaens**. Le Satyre et le Passant, 2 sujets par
Vostermann et Neefs. — Le Roi de la fève, par
Poletnich. — Christ en croix par Bolswert, 4 pièces.

771 **Kilian**. Suite de 52 portraits des ducs de Bavière
in-18, et 2 frontispices, extraits de l'ouvrage intitulé:
Théatrum virtutis et gloriae Boicae... 1680, Belles
épreuves.

772 **Lalauze**. Le petit Monde. Suite de 10 eaux-fortes
in-4, sur papier Whatman, avec la couverture.

773 **Laneret**. A Femme avare galant escroc. Conte de
La Fontaine, par de Larmessin. Très belle ép.

774 — Les deux Amis, par de Larmessin. Ep. remargée.

775 — Frère Luce, par de Larmessin. Belle ép.

776 — Le Gascon puni, par le même.

777 — Les Oies de frère Philippe, par de Larmessin.
Belle ép.

778 — On ne s'avise jamais de tout, par de Larmessin.
Très belle ép. grandes marges.

779 — Le petit Chien qui secoue de l'argent et des pier-
reries, par de Larmessin. Belle ép. remargée à claire
voie.

780 **Lancret**. La Servante justifiée, par de Larmessin. Belle ép.

781 — Les Troqueurs, par le même. Belle ép.

782 **Langenhoeffel**. Psyché und Mercur. Très belle ép. en couleur, toute marge.

783 **Lavreince**. La Balançoire mystérieuse, par Vidal. Belle ép.

784 — Le Billet doux. — Qu'en dit l'abbé, par N. De Launay. 2 pièces, belles ép., grandes marges.

785 — Les mêmes Estampes. 2 pièces.

786 **Le Barbier** (d'après). La Prudence en défaut. — Le Mari dupe et content, gravées par Patas. 2 pièces Belles ép., marges.

787 **Leclerc**. Le Rossignol. Conte de La Fontaine, par de Larmessin. Belle ép.

788 **Legrand** (Aug.). Cerès et Bacchus, d'après Lambert. Belle ép. en couleur.

789 — Le Cuvier. Conte de Lafontaine. Très belle ép., eau-forte pure, avant toutes lettres.

790 **Lemesle**. Le Cuvier, gravé par Fillœul. Belle ép.

791 — Quatre figures in-fol, gravées par Lucas et Pinssio pour Le Lutrin. Belles ép.

792 **Leprince** (d'après). Le médecin clairvoyant, par Helman. Très belle ép. grandes marges.

793 **Leroux**. Portraits en pied de M<sup>lle</sup> Mars et de Baptiste aîné. vignette in-8. 2 exemplaires avant la lettre.

794 **Lethière** (G.). Nymphes au bain, dessiné par Aug. Desnoyers. et gravé par C. F. Noël. Très belle ép., en couleur.

795 — La même Estampe. Belle ép. en noir.

796 **Lettres ornées**. fleurons, et culs-de-lampes des xvi° et xvii° siècle, sur bois et sur cuivre.

797 **Levasseur**. Le Gland et la Citrouille. — La Laitière et le pot au lait, Fables de La Fontaine, d'après Berlin. 2 pièces. Belles ép.

798 **Levasseur** (J.). L'affût, d'après Van Muyden. — Calabresella d'après Hébert. 2 pièces. Belles ép.

799 **Levèque**. Vénus et l'Amour, d'après Pierre. Très belle ép. avant la lettre.

800 **Lithographies**. par Bellangé, Coupin et Th. Fragonard. 10 pièces.

801 — d'après G. Doré, J. Felon. C. Nanteuil. Roqueplan. etc. 18 pièces.

802 — Sujets gracieux, lithographiés par Hersent. Wattier. Coupin. Mouilleron. Lancrenon, Girodet et autres, 30 pièces.

803 — Le Fleuve Scamandre d'après Girodet. — Sujets mythologiques. 6 pièces lithographiées.

804 — Sujets mythologiques. 20 pièces.

805 — de Lemud, Célestin Nanteuil. Bellangé. Diaz. Robert-Fleury, H. Vernet, etc. 23 pièces.

806 — de Delacroix, etc; — Macbeth. — Médailles antiques. — Lithographie de Lemud avant la lettre. etc. 5 pièces.

807 **Lurat** et **Girard**. La Cigale, d'après Voillemot. — Les deux Pigeons, d'après Bénouville. 2 p.

808 **Maître au dé** (Le). Enée portant son père Anchise. d'après Raphaël. Belle ép. sans les vers.

809 **Mallet**. Déguisement du chevalier de Faublas. — L'éducation du chevalier de Faublas. par Aug. Legrand. 2 pièces en couleur : belles ép.

810 **Mallet**. Déguisement du chevalier de Faublas, par Aug. Legrand. Belle ép. en noir.

811 — **Mallet**. Histoire de l'Amour. gravé par Dissard
et Schenker. 6 pièces, belles ép.

812 — L'Espérance le b rce. — La Volupté l'endort. —
La Folie l'égare. par Dissard. 3 pièces en couleur.

813 **Mallet** et **Vanloo**. Le jour des Noces. — Le Bain.
— La Toilette. — Le Coucher et autres. 11 pièces
gravées par Choubard, Benoist et Chaponnier.

814 **Martinet**. Bacchanales. gr. par Th. Martinet et
Duhamel. 2 pièces, très belles ép.

815 **Masson**. L'Ingénue, d'après Chaplin. Belle ép.

816 **Mixelle**. La Jument du compère Pierre. Conte de
La Fontaine. Belle ép.

817 **Monnet**. Jupiter et Io — Salmacis et Hermaphrodite. 2 pièces, très belles ép. sans marges.

818 — Vénus enlevant les armes de l'Amour. par Avril.
Très belle ép. avant la lettre et la draperie.

819 **Moreau le Jeune**. Memnon ou l'Écueil du sage.
par Vidal. Belle ép.. grande marge.

820 **Morland** (d'après). The fair Penitent, par Bartolotti.
Belle ép.. toutes marges.

821 **Nanteuil** (Célestin). etc. Trois vignettes avec musique. poésies d'Henry Murger.

822 **Née**. Portraits de Laborde et Zurlauben, dans un
même cartouche, d'après Marillier. Très belle ép.
avant la lettre, rognée au trait carré.

823 **Pater**. Les Aveux indiscrets. Conte de La Fontaine.
Belle ép.. grandes marges.

824 — La même estampe. Belle ép.

825 — Le Baiser donné, par Fillœul. Belle ép.

826 — Le Baiser rendu. par le même. Ep. tachée.

827 — Le Glouton. par Fillœul. Très belle ép.. grandes
marges.

828 **Pater**. La Matrone d'Ephèse, par Fillœul. Belle ép.

829 — Le Savetier, par Fillœul. Très belle ép., grandes marges.

830 — La même estampe. Belle ép.

831 — Suite de 7 figures pour le Roman Comique de Scarron, gr. par Audran. Jeaurat, etc. Très belles ép.

832 **Pauquet** (H.). Pyrame. — Thisbé. 2 pièces d'après Ducis, avant la lettre, sur chine.

833 **Peters** (William). Much ado about nothing (Shakespeare), gravé par Peter Simon. Très belle ép. en couleur.

834 **Porporati**. Clorinde et Tancrède, d'après Van Loo. Très belle ép. avant la lettre, toutes marges.

835 — Clorinde et Tancrède. — Erminie et le Berger, d'après Van Loo. 2 pièces, très belles ép., toutes marges.

836 — Le Coucher, d'après Van Loo. Très belle ép. avant toutes lettres.

837 — Suzanne au bain, d'après Santerre. Belle ép.

838 **Portraits** par Desrochers, Sergent, de la suite de Ménard et Desenne, lettre grise, lithographiés et sur bois. 56 pièces.

839 — Frontispice avec le portrait de Boileau. — Miss Turnor, d'après Kneller. — Portraits de J. Janin, Em. Augier, Silvestre de Sacy et autres, plusieurs avant la lettre. Ensemble, 10 pièces.

840 — Suite de Portraits d'auteurs, en pied, d'après Desenne. 19 pièces. — Portraits de Pierre et Thomas Corneille, par Hopwood. Ensemble, 21 pièces. eaux-fortes pures sur chine et sur blanc.

841 — Réunion de 72 portraits de femmes célèbres anglaises, gravés par Cochran. Heath, Meyer. Thomson, etc.

842 **Portraits** d'acteurs et d'actrices anglais, 24 pièces dont une en couleur. — Portraits divers anglais. 12 pièces. Ensemble 36 pièces. Plusieurs sont rares.

843 **Prudhon**. L'Amour réduit à la raison, par Copia. Très belle ép. avant la lettre, grandes marges.

844 — Le cruel rit des pleurs qu'il fait verser. par Copia. Très belle ép. avant la lettre, toutes marges.

845 — La même estampe. Belle ép. avant la lettre, grandes marges.

846 — L'Enlèvement de Psyché. par H. G. Muller. Très belle ép. d'artiste sur papier de Chine, avant le cachet de la Société des Amis des arts.

847 — La même estampe. Belle ép.

848 — Vénus et Adonis. — Les 4 Saisons. — Le Rêve. — Vénus au bain. 7 pièces lithographiées.

849 **Ramberg**. Les Lunettes. Conte de La Fontaine. Belle ép. avant toutes lettres.

850 — Le Poirier enchanté. Belle ép. toutes marges.

851 — Le Villageois qui cherche son veau. Belle ép.

852 **Regnault** (N. F.). Dors, dors . . . . Très belle ép.

853 **Révolution**. La Fuite à dessein, ou le parjure Louis XV. Belle ép. en bistre. Rare.

854 **Saint-Aubin** (Aug. de). Comptez sur mes serments. — Au moins soyez discret. 2 pièces. Très belles ép. *avant la lettre*. marges.

855 — Portrait de La Fontaine. in-8. Très belle ép. lettres grises. grandes marges.

856 **Schall**. La Comparaison, par Bouillard et Dupreel. Belle ép.

857 — La Défaite. par Marchand. Belle ép toutes marges.

858 **Schall**. Le premier Baiser de l'Amour. — Le Rocher de Meillerie. — Les Cerises, par Aug. Legrand. 3 pièces en couleur.

859 — Les mêmes estampes. 3 pièces en noir.

860 — Le Gascon puni. — Le Poirier enchanté. — Le Cuvier. — Les Oies de frère Philippe. — La Servante justifiée. — Le Bât. 6 pièces in-fol. pour les Contes de La Fontaine.

861 — Le Bât. — Le Gascon puni. 2 pièces in-fol.

862 **Schiavonetti**. La Reine régente et la princesse Louis de Prusse, en pied, d'après Tischbein. Très belle ép. en couleur.

863 **Simon** (J.-P.). Héro pleurant Léandre. Belle ép. en couleur.

864 **Strange**. Le Sauveur du monde, d'après Murillo. — L'Enfant Jésus dormant, d'après Van Dyck. Très belles ép.

865 — Danaé, d'après le Titien, sans marge. — Vénus blinding Cupid. 2 pièces. Très belles ép.

866 **Subleyras**. Frère Luce, conte de La Fontaine, par Elluin. Belle ép.

867 **Tassaert**. **Gigoux** et autres. Sujets gracieux, lithographiés. 12 pièces.

868 **Testa** (Pietro). L'Enfant Jésus embrassant la croix. — Saint Jérome en pénitence, et autre. 3 pièces. Belles ép.

869 — Le Sac de Troie. — Vénus apportant des armes à Enée. 2 pièces. Belles ép., avant le nom.

870 **Thomson** (Henry). Titania, gravé par W. Say. Très belle ép. en couleur.

871 **Trière** (Ph.). La Petite Fermière, d'après Collibert. Eau-forte pure.

872 **Vangelisty**. Pyrame et Thisbé, d'après le Guide. Très belle ép. — Pyrame. — Thisbé. 2 pièces, d'après Ducis. Ensemble 3 pièces.

873 **Vidal**. La Surprise agréable. Belle ép. tachée d'humidité.

874 **Vleughels**. Le Bât, Conte de La Fontaine, par de Larmessin. Belle ép. — Le même sujet, par Aug. Legrand, tachée. 2 pièces.

875 — Frère Luce, par de Larmessin. Très belle ép.

876 — La Jument du compère Pierre, par de le même. Très belle ép.

877 — Le Villageois qui cherche son veau, par de Larmessin. Belle ép.

878 **Voyez** l'aîné. Angélique et Médor, d'après J. Blanchard. Belle ép. avant la lettre.

879 — La même estampe. Belle ép. avec la lettre.

880 — Le Bouton de rose. — La Curieuse, d'après P. A. Wille. 2 pièces. Belles ép.

881 **Wierix** .(Joh.). La Mélancolie. — Le Chevalier de la Mort. 2 pièces, d'après Albert Durer. Très belles ép.

882 **Wille** et **Audran**. Le Marquis de Marigny, d'après Tocqué. — P. P. Rubens, d'après Van Dyck. 2 pièces.

883 **Wille** et **Cathelin**. La Mort de Marc-Antoine, d'après Pompeo Battoni. — La Mort de Lucrèce, d'après Pellegrini. 2 pièces. Belles ép.

884 **Wolff** l'aîné. L'Amitié. — La Douceur. 2 pièces en couleur. Belles ép.

---

# PHOTOGRAPHIES

885 — L'Amour et Psyché, d'après Gérard. — L'Enlèvement de Psyché, d'après Prudhon. — Psyché, par Caraud. — Les Nymphes au tombeau d'Adonis, de Gendron. 4 photog. in-4.

886 — L'Amour se désaltérant. — Mort de l'Amour. —
La première Discorde. — Lesbie. — Un Soir d'au-
tomne. — 5 belles photogr. in-fol., d'après Merle,
Bouguereau, Cabanel, etc

887 — Au bord de la mer. — Au bord du Gave, d'ap.
Lehmann. — L'Air. — L'Eau, — La Fontaine,
d'après Gendron. 5 belles photogr. in-fol.

888 — Bacchantes endormies. — Diane au bain, d'après
Boucher. — Le Bain, d'après Watteau. — L'Hyver,
d'après Lancret. — La Comparaison, d'après Schall.
4 belles photogr. in-fol.

889 — La Cène, de Léonard de Vinci. — Tête du Christ,
du même tableau. — Descente de Croix. 3 belles
photogr. in-fol., d'après les Tableaux.

890 — La Charité, d'après le Corrège. — Aurore, d'après
Le Guide. — La Vierge et sainte Anne. d'après
L. de Vinci, etc. 7 photogr. in-fol.

891 — Le roi Candaule, d'après Charles Hue. — Les
Filles de Minée. — Philomèle et Progné. 3 photographies in-fol.

892 — Le Coup de l'étrier. — 1814. 2 belles photographies, d'après Meissonnier, in-4 et in-fol.

893 — Dante et Béatrice, d'après Scheffer. — Dante et
Virgile traversant le Styx. — Portrait du Dante.
3 photogr. in-fol.

894 — Diane à la Fontaine, de Picou. — Vénus et
l'Amour. de Mazerolles. — Léda, de Hamon. —
Naissance d'une Néréide, de Coomans. 4 belles photographies in-fol.

895 — Diane de Poitiers chez Jean Goujon. — Femmes
d'Alger. — Le Moineau de Lesbie. etc. 7 photographies in-fol.

896 — Photographies d'après des Tableaux de la galerie
de Dresde. 6 p. in-fol.

897 — L'Etang, d'après Brochart. — Mort de l'Amour, d'après Merle. — Femmes chiliennes au bain, etc. 4 photogr. in-fol.

898 — Femme couchée, de Lefèvre. — L'Odalisque, de Pérignon. — Pygmalion et Galatée. — Nymphe et Satyre, etc. 8 photog. in-fol.

899 — Femmes jouant sur le sable. — Velléda, d'après Cabanel. 2 belles photogr. gr. in-fol.

900 — Le Fruit défendu. — Le Lendemain de Bal. — Le Nid d'Hirondelles. — La Veuve. — La Liseuse, 5 photogr. in-fol., d'après Toulmouche, Compte-Calix et autres.

901 — Tableaux et Sculptures du Musée de Florence. 21 très-belles photog. in-fol., non collées.

902 — Hermann et Dorothée, de Pinelli. — Rencontre de Faust et Marguerite, de Tissot. — Faust apercevant Marguerite, d'après Ary Scheffer. 3 photographies in-fol,

903 — Idylle, de H. Pottin. — La Fête au Dieu Pan, de Benterwerk. — Pastorale, de Hugrel. 3 belles photographies in-fol.

904 — L'Innocence, d'après Greuze. — Le Printemps, d'après Lazerges. — Les Syrènes, d'après Barrias. — La Nymphe du Printemps, d'après Voillemot. 4 belles photogr. in-fol.

905 - La Joconde, d'après Léonard de Vinci. — Portrait d'homme, d'après Raphaël. 2 photogr. in-fol.

906 — Les Loges de Raphaël, au Vatican. 5 belles photographies in-fol.

907 — Léda, de Galimard. — Une Bacchante, de Hugrel. — Amphitrite, de E. Lecomte.—Et in Arcadia ego, de E. Boulanger. 4 belles photogr. in-fol.

908 — Le Mariage de la Vierge, d'après Raphaël. — La Vierge et saint Joseph. — Sainte-Famille. — La Vierge aux Rosiers. — et sainte Catherine ensevelie par les Anges, d'après Luini. 5 belles photogr. in-fol., d'après les Tableaux.

909 — Le Marché d'esclaves. — Phryné devant le tri-
bunal. — L'Almée. — Cléopâtre et César. — Alci-
biade chez Aspasie. 5 photogr. in-fol. d'après
Gérome.

910 — Une Matinée rose, d'après Maisiat.— Le Sommeil,
d'après Dubufe. — L'Amour chassant les Songes, de
Picou.— Les trois Grâces, de Regnault. — Suzanne,
par Ziacomotti. 5 belles photogr. in-fol.

911 — Marie-Antoinette, d'après Paul Delaroche. Belle
photog. in-fol.

912 — Mort de Marat, d'après Baudry. — Mort de Mal-
filâtre. — Le Cabaret du Lapin-Blanc, d'après
Worms. — Supplice d'une Vestale. 4 belles photographies in-fol.

913 — Napoléon III en pied, d'après Cabanel. — Pie IX,
2 belles photogr. in-fol.

914 — Nymphe enlevée par un Faune, d'après Cabanel.
— Hercule aux pieds d'Omphale, d'après G. Boulanger. 2 très belles photogr. grand in-fol.

915 — La Passion, de Goltzius. 13 belles photogr. in-4.

916 — Photographies allemandes. 16 p. d'après les
maîtres anciens et les statues antiques.

917 — Portraits de Charles I$^{er}$ et Henriette de France,
d'après Van Dyck. — Schiller. — Bossuet. — Du-
chesse d'Orléans. — Rabelais en pied. — Le duc de
Morny. — Le comte de Chambord. — Tombeau
d'Alfred de Musset. 8 photog. in-4.

918 — Pascuccia, de Huot. — Maria Abruzzèze, de Jala-
bert. — Le Coucher, de Dubuffe, etc. 5 belles photographies in-fol.

919 — Primavera, par Merle. — Sous les Tilleuls. —
Kermesse chez les Hessois, d'après Hoff, etc. 4 belles
photogr. in-fol.

920 — Rachel en pied, d'après le tableau de Gérome.
Très belle photogr. grand in-fol.

921 — La Récréation. — Un Coupable, d'après Coomans.
2 belles photogr. grand in-fol.

922 — Rêverie, d'après Willems. — Ma Blanchisseuse,
d'après Jules Noël, etc. 7 photogr.

923 — Réunion de 36 Photographies d'après les tableaux des maîtres anciens, collection dite de Londres. Très-belles ép. in-4 et in-fol. non collées.

924 — Réunion de Photographies d'anciennes gravures,
d'après Raphaël, le Titien, Corrège, le Guide, Rubens, etc. 11 p. in-4.

925 — Réunion de 33 Photographies du Musée Goupil,
in-8, sur chine, marges in-fol.

926 — Sortie d'Eglise. — Le Nouveau-Né. — Consola-
tion des Malheureux. — Fantasia. — Egypte. 4 belles
photogr. in-fol.

927 — La Source. — Le Harem, d'après Ingres. 2 photographies in-fol.

928 — Photographies d'après des Statues. 6 p. in-fol.

929 — Sujets gracieux, d'après Boucher, Fragonard,
Lavreince, etc. 9 p. in-4.

930 — Sujets d'après des tableaux anciens, des Écoles
italienne et hollandaise, et deux d'après des gravures.
Ensemble 8 p. in-fol. dont plusieurs non collées.

931 — Sujets divers d'après Greuze, Fragonard, Watteau, Lancret, etc. 9 photogr. in-8, grandes marges.

932 — Sujets religieux, reproductions de gravures
d'après Michel-Ange, le Titien, Van Dyck, etc.
6 belles phogr. in-fol.

933 — Sujets religieux et Sujets de genre. 11 photogr.
in-8, gr. marges.

934 — Sujets d'après des tableaux du xviiie siècle et
modernes. 14 photogr. in-8, sur grand papier.

935 — Sujets d'après des tableaux de l'École anglaise.
10 photogr. in-4 gr. marges.

936 — Le Tepidarium. — La Cella frigidaria. — Mundus Muliebris. — Répétition du jour de flûte. 4 belles photogr. d'après Gustave Boulanger.

937 — Vues de Rome, gr. in-fol., non collées : le Colisée, Arc de Constantin, la Colonne Trajane, le Capitole, Saint-Pierre de Rome, etc. 17 photogr. très-belles.

938 — Vues de mer, d'après nature. 11 très-belles photogr. in-fol., non collées.

939 — Collection d'environ 150 Photographies : Académies de Femmes, in-4 et in-fol., dans un portefeuille.

940 — Carte anglaise. Hydrographical chart of the World : according to wrights or mercators projection delineated by A. Arrowsmith, 1832. Grande carte collée sur toile et vernie, avec gorge et rouleau, mesurant environ 2 mèt. 50 sur 2 mètres.

Vᵉ Renou, Maulde et Cock, imprs de la Compagnie des Commissaires-Priseurs rue de Rivoli, 144. 25098

www.ingramcontent.com/pod-product-compliance
Ingram Content Group UK Ltd.
Pitfield, Milton Keynes, MK11 3LW, UK
UKHW031829170726
13836UKWH00004B/1575